民国
掌故

上海鳞爪

郁慕侠
——— 著

中 华 书 局

图书在版编目（CIP）数据

上海鳞爪/郁慕侠著. —北京：中华书局，2025.6. —ISBN 978
-7-101-17191-4

Ⅰ. K295.1

中国国家版本馆 CIP 数据核字第 2025EL0895 号

书　　名	上海鳞爪	
著　　者	郁慕侠	
责任编辑	杜艳茹	
封面设计	刘　丽	
责任印制	陈丽娜	
出版发行	中华书局	
	（北京市丰台区太平桥西里 38 号　100073）	
	http://www.zhbc.com.cn	
	E-mail：zhbc@zhbc.com.cn	
印　　刷	河北新华第一印刷有限责任公司	
版　　次	2025 年 6 月第 1 版	
	2025 年 6 月第 1 次印刷	
规　　格	开本/850×1168 毫米　1/32	
	印张 11½　插页 3　字数 200 千字	
印　　数	1-2000 册	
国际书号	ISBN 978-7-101-17191-4	
定　　价	58.00 元	

郁慕侠（1882—1966）

目录

上集

下集

出版说明

郁慕侠撰《上海鳞爪》，分上下集和续集，由上海沪报馆分别于 1933 年 10 月和 1935 年 9 月汇辑出版。本次出版，即依据上海沪报馆繁体竖排本，按照现代标点规范进行整理。上集之前有天虚我生（陈蝶仙）序、作者引言，今仍置于全书之前；下集之末原有陈嗣龙所作《书后》，整理时，将其与续集之末的《题郁慕侠先生之〈上海鳞爪〉》，一并置于续集之后。原书中个别不适宜现代读者阅读的内容，由编辑部作了适当删节处理。

民国时的用字、词语及语法均与现今有差异，我们尊重作者的写作习惯和行文风格，一般情况下不作改动，方言用字亦予保留，唯指示词"他、她、它""那、哪"，按照上下文意改作正确字形。对原文的错字，用六角括号〔〕在错字后括注正字，形近而误的字以及通假字则径改，不再出校。原文明显的脱字，加尖括号〈〉补出。

中华书局编辑部

2025 年 3 月

《上海鳞爪》导言

熊月之

    《上海鳞爪》是近代爱国报人郁慕侠所写的关于近代上海社会文化的笔记汇集。鉴于学术界以往对于郁慕侠一直缺乏系统的研究，连一篇比较详细的传记也没有，为了便于读者比较全面地了解郁慕侠其人，进而有助于解读《上海鳞爪》一书，这里略花笔墨，对郁慕侠生平、事功作一较为详细的介绍。

    郁慕侠（1882—1966），江苏青浦珠家角（今上海市青浦区朱家角镇）人[①]，名文，字慕侠，号从周[②]，笔名有悼愚、悼庵、格非、天呼、报癖、夹人、郁郁、木牛、病羊、平章等。父亲郁世德（1852—1916），号懋甫，江苏吴江人。幼年时因避太平天国战乱，随家迁居青浦珠家角，成年后经

[①] 郁慕侠自述为青溪珠家角（朱家角）人，见《珠溪旧闻录》，《慕侠丛纂》二集，上海通俗研究社，1920年，第8页。

[②] 郁慕侠曾自述号从周的由来："鄙人一号从周，取'郁郁乎文哉，吾从周'之义，凡读过《鲁论》者无不知期命意之所在。"《格非室漫录》，《神州日报》1913年4月17日第10版。

商，为一诚实经营、略有盈余的普通商人。平日喜读稗官小说，而无不良嗜好。郁慕侠父母生有六个子女，成活三人，即郁慕侠与一姐一弟。

郁慕侠青年时代先后在上海龙门书院、江阴南菁书院读书，上海师范讲习所卒业，为清季秀才。1908 年定居上海。1910 年起，先后执教于上海求实小学、伟文学塾、龙门附小与通俗义务中文夜社。1912 年起任《时事新报》校对员，1913 年参与创办《沪报》，稍后组织格言丛辑社、中南通信社，任社长，兼任汉口《武汉商报》、汉口《新闻报》、天津《益世报》、北京《晨报》、天津汉文《泰晤士报》等通信员，《新舞台报》主编。1947 年任上海市银楼业工会秘书，1952 年任上海市文物保管委员会编纂，1956 年加入民革，1961 年受聘为上海市文史馆研究馆员。

郁慕侠一生事业，集中在三个方面，即教书、办报与编书。

一、教书与办报

郁慕侠在上海最早的活动是教书。1910 年，他与顾旭侠、朱炳尧等人共同创办求实小学，校址在公共租界北山西路德安里十一弄。顾旭侠为校长，郁等为教员。1912 年中华民国建立以后，学校遵民国教育部宗旨修订章程，规定学额暂定六十名，招收七岁至十五岁的学生，兼收十岁以下之女生；学费三、四年级每年十二元，一、二年级每年八元，膳宿费每月四元五角；课程包括修身、国文、算术（笔算珠算）、体操、手工、图画与唱歌，附设英文夜社，另聘英文教员每晚授以切实应用之英语英文；学制四年[①]。

1912年7月以后，郁慕侠任学校主任。1913年春，他曾带领学校师生三十余人，到高昌庙江南制造局、泉漳别墅、龙华寺、土山湾孤儿院等处旅行参观。1914年春，他与多所学校教员到江湾中国救济妇孺会附属学校、吴淞江苏省立水产学校参观。1915年春，已担任校长的郁慕侠[②]，带领求实小学的学生，联合益智小学、务本小学、振新小学、新民小学、志新小学等校师生，一起到江湾镇远足旅游。这些活动，当时上海《申报》《民立报》《时事新报》等报纸上均有披露。

求实小学是办在公共租界里私立小学中的佼佼者，其教学质量相当不错，报上曾有文章称该校"学生甚为发达"[③]。1913年，上海县视学李颂唐到该校视察，对办学成效很满

---

① 《求实小学校简章》，《申报》1913年8月30日第11版。
② 郁慕侠始任校长确切时间不详。1915年2月4日的《申报》已称他为校长，见《求实小学校之寒假式》，《申报》1915年2月4日第10版。
③ 《办学之困难》，《申报》1912年9月12日第7版。

意，认为"一切办法悉遵新章，教法亦合"①。质量虽好，但经费困难。学校经营一段时间以后，经费"万分竭蹶，历年亏负为数已巨，几乎有万难接续之势"②。从1912年下半年开始，各项经费均由顾旭侯校长百计筹措，而郁慕侠、朱炳尧等教员则纯尽义务，不取薪金③。1915年2月，郁慕侠谈及办学极度困难情形："校系私立，毫无补助，经费竭蹶，甚至典衣借贷，弥补其缺。"④即使这样，学校还是难以为继。大概在1916年底，学校停办⑤。

郁慕侠在教育方面还有一项贡献，即创办职工夜校。1915年夏，他与徐望先、陶汉尘等六人发起，顾旭侯、项起凤等十八人为赞成人，共同创办通俗义务中文夜社，招收十四岁以上、三十岁以下失学之工商人员，授以日用必要之文字，课程包括国文与算学，授课时间为晚上七至九点，学费分文不取，学满一年后发给识字证书。夜社简章规定："以普通中文，启迪工商界年长失学之人，务期获生活上必

① 《求实小学校定期开学》，《时报》1913年8月26日第14版。
② 《求实小学之艰苦》，《民立报》1912年9月12日第10版。
③ 《办学之困难》，《申报》1912年9月12日第7版。
④ 《求实小学校之寒假式》，《申报》1915年2月4日第10版。
⑤ 1916年10月以前，对于求实小学的信息，上海《申报》《民立报》《时事新报》等报纸常有披露，但1916年10月以后则再没有这方面信息。

需之知识、技能为宗旨。"所有经常费及各科教务，均由创办人承担，校址在公共租界新闸路和乐里口1968号。郁慕侠等人认为："国家的强弱，全靠教育，教育普及，国家必然富强，教育不兴，国家必然贫弱。我国向来不注重教育，所以识字的人狠少，近来虽然开了许多的学堂，不过都是栽培青年子弟，置于年长失学的人，一则生计艰难，没有读书的力量；二则要谋衣谋食，没有空闲的工夫；三则有了志愿，没有补习的地方。但是，我们做了中华民国的国民，最要的是共和国民的资格，要有共和国民的资格，必先要有共和国民的知识。我们若是不识字，不读书，怎能够有共和国民的资格呢？"① 有鉴于此，郁慕侠与一批志同道合者，办起了这所学校，参加者中相当部分是振新、务实、新民等私立小学的教师。通俗义务中文夜社于1915年6月20日正式开学，来学者颇为踊跃。1917年1月7日，夜社举行首届学生毕业典礼，叶善昌、张同福、荣荫隆等三名学员毕业。除了教学，通俗夜社还频繁举行演讲，宣传学习科学文化知识，提升国民意识，倡导热爱祖国，增进道德素养等。该社的创办，是一项旨在提高国民文化素质、推进社会进步、纯尽义务的公益行为，实开日后中华职业教育社之先河，夜校

---

① 《通俗义务中文夜社缘起》，《时报》1915年6月19日第14版。

的部分教员日后成了中华职业教育社的教员。

办报方面，郁慕侠主办或参与过多家报纸的工作。

郁慕侠有一笔名"报癖"，并曾对此作过解释："余性嗜报纸，每日晨起，盥洗毕，先阅报数分钟，而后营他事而就食。偶出门，无报购阅则觉终日不舒，故一字报癖，盖纪其实也。"①他爱读报，也很早就给报社投稿。他最早发表在报纸上的文章是1912年1月22日的《大功告成后，论功行赏，当推军人为第一，报纸为第二》。此后，他的文字便时常见诸《申报》《时事新报》《民立报》《神州日报》等报，他也成为上海报界活跃人物。

1913年10月10日，他与陈阜东、郑端甫等共同创办《沪报》，任社长，社址在北山西路德安里第一百八十九号，日后参加者还有毕公天、朱亦奇、徐梦痕、谢慧禅、王说说、朱卤香、郁达民等十四人②。《沪报》不同时期的版式与规模有所不同，多数时间为三日刊，四开四版，为当时上海众多小报中的一种。1923年9月，《沪报》创办十周年之际，郁慕侠致信著名企业家张謇，期盼得到资助。张謇题诗一首（《沪报十年纪念题辞》），以示支持。诗云："人海思潮新复新，万流诙诡集春申。要知直笔期南董，野史稗官亦有

---

① 《余之报癖谈》，《时事新报》附张，1913年1月22日第1版。
② 《沪报之两周纪念》，《神州日报》1915年10月19日第11版。

人。倏忽秋风已十年，非非是是去如烟。云何饶舌翻多事，赢得舆人诵一篇。"①1937年"八一三"事变发生后，地在苏州河以北的沪报馆遭到严重破坏，被迫停刊。1945年抗日战争胜利后，郁慕侠申请复刊。获得批准后，《沪报》于1946年复刊，1947年停刊，林尹为社长，郁慕侠为发行人。

办理《沪报》的同时，郁慕侠还兼任汉口《武汉商报》、天津《益世报》、北京《晨报》等报通信员，为诸报撰稿。1917年主编《新舞台报》，系新舞台机关报，内容注重剧谈。他还兼营出版业，1915年成立格言丛辑社、中南通信社等机构，自任社长，编辑出版书籍，也销售书籍。

在办理报刊、出版等业务过程中，郁慕侠的文学才华得到了充分展示，很快在上海报界崭露头角。他的文章视野广阔，思想敏锐，文字洒脱，汪洋恣肆。其内容或品评时事，抨击军阀争斗，批判遗老守旧；或针砭时弊，讥刺社会陋习；或讨论学术，涉及文史、科学等；或记述见闻，包括游览宁波、苏州、南京等地游记，无不旨趣鲜明，自成风格，嬉笑怒骂，皆成文章。1919年，有人作诗高度评价郁慕侠其人其文，称赞其文采"咳唾九天散珠玉"：

---

① 《张謇全集》编纂委员会编：《张謇全集》3，《函电》下，上海辞书出版社，2012年，第1207页。

溯君初莅春申江，德安里中居暂卜。笔耕墨耨赡一家，疗贫姑将文字鬻。日见贫民失学多，校开求实施教育。宏愿更欲挽颓风，创行《沪报》持正鹄。发抒识见大文章，洋洋洒洒进忠告。诙谐杂出笔生花，滑稽仿佛东方朔。苦志经营垂七年，风靡一时推行速。[1]

在相当一段时间里，郁慕侠合教书、办报、出版于一身。报上写的文章，与他讲课的内容、出版的书籍，常常是一文多用，讲课的内容就是他发表在报刊上的文章，出版的书籍则是这些文章的汇辑。1919年前后，郁慕侠已是上海滩上经营较为成功、颇有名气的文化人。1934年10月，郁慕侠母亲去世后，前往吊唁或以各种方式表达哀悼之情的政界要人、工商巨子、社会名流相当广泛，远远超出普通报人或文人的规格[2]，足见其时郁慕侠社会影响之大。

---

[1] 顾伯超：《题慕侠先生玉照》，《并州新报》1919年12月9日第5版。

[2] 政界要人蒋介石（委员长）、孙科（行政院长）、于右任（监察院长）、孔祥熙（财政部长），上海市府吴铁城（上海市长）、潘公展（上海社会局局长），社会大亨黄金荣、杜月笙、陆连奎，工商巨子虞洽卿、朱吟江、姚慕莲、张公权、谢葆生、徐新六、戴畊莘，以及宗教、军旅、报业等各界名人王一亭、薛笃弼、谷正伦、熊式辉、朱少屏、瞿绍伊、熊少豪、蔡钧徒、石芝坤等，均有挽幛挽联致送。见《陆太夫人今日领帖》，《申报》1934年10月7日第12版。

二、著述概览

郁慕侠得以赢得广泛社会影响的，主要是四部书，即《慕侠丛纂》《格言丛辑》《国耻小志》与《上海鳞爪》。

《慕侠丛纂》，是郁慕侠撰写的第一部文集，由郁的同事毕公天编辑，上海沪报馆1914年发行。书中收录郁慕侠所作简论、微言、游记、小说、剧话、智囊、谐薮、谭荟、卮言等文章，累计子目一百九十余条。《申报》称此书作者关心时事，了解社会，有所感触，发为文章，"振笔直书，无所顾忌，一言一语，寓意至深"。书中对于社会情形诸多方面、各界内幕揭露甚多，欲了解近一阶段小品文章、游戏文字不可不看此书，爱读笔记、爱看小说不可不看此书。这部文集"包罗万象，有美必录，庄谐俱备，字字皆香，洵近今文集中之大观也"[①]。此书初版印刷六千册，不到半年便销售一空。1916年、1919年、1920年又相继增补，出了三版。毕公天、天虚我生陈栩、天台山农刘文玠、六宜轩主吴鏻伯分别为此书作序，对郁慕侠的济世情怀、思想见地、过人才华交口称赞。其中，毕公天的评价最为综合："郁子慕侠，今之伤心人也，性慷慨，有豪侠风，居恒蒿目时艰，棘心世故，有所感触，辄形楮墨，有忧郁之气，多愤激之谈，长吁

---

① 《各界注意，〈慕侠丛纂〉出版》，《申报》1920年2月1日第15版。

短噎，往往散见于海上各报。其为文也，去华崇实，不事词藻，振笔直书，不尚奇异……慕侠之文，非绚华灿烂、骋词驰藻之文也，亦非光怪陆离、矜奇炫异之文也，去华崇实而不事雕镂，振笔直书而无所顾忌，离骚忧郁、太史实录，斯慕侠之文也。"[1]

《格言丛辑》，系郁慕侠汇辑古今中外名人格言而成，分集出版，到1926年已出版了二十集[2]，其中包括《军人宝鉴》。其书宗旨在于弘扬人类普遍的美德，包括仁爱、诚信、礼貌、勤劳、智慧、勇敢、爱国等，"一欲以正人心为主旨"[3]。黎元洪、曹锟、张謇、于右任、韩国钧、黄炎培、沈恩孚、王正廷、王一亭、许世英、田桓、戈朋云等众多政界、学界名人为此书题签或作序。这部书广受欢迎，一印再印。特别是《军人宝鉴》，在很多军队中被指定为对士兵进行政治教育的教材。冯玉祥在军中，即以《军人宝鉴》作为官兵必读书[4]。郁慕侠编辑此书颇为用心，他不是将相关格言

① 毕公天：《序》，《慕侠丛纂》初集，上海通俗研究社，1919年，第2页。
② 《〈格言丛辑〉之赠送》，《申报》1926年1月25日第17版；《〈格言丛辑〉举行大竞卖》，《新闻报》本埠附刊，1927年11月22日第1版。
③ 天虚我生：《上海鳞爪·序》。
④ 侗生：《南苑观操记》，《申报》1922年12月15日第7版。

汇编一起就算完事，而是悉心加以解读。比如，《宝鉴》引拿破仑语录："乏果断而能勇进者，未之有也。"郁慕侠加注："能奋勇前进底人，必定有果决断定的智力。若缺少果断的智力，反而能奋勇前进的，可决其必定没有这样的人，因为奋勇底心，是由于果断的力鼓动起来的。"[①] 这就讲清楚勇与智的辩证关系了。《宝鉴》引摆伦（今译拜伦）语"大丈夫当立赫赫功名于世界"，注文则发挥其义："大丈夫应当立最光辉的功名在世界上，这最光辉的功名，就是干那报国底事业。"[②] 这便赋予功名以爱国内涵，富有当时中国的时代特点。

《国耻小志》，由郁慕侠编辑，格言丛辑社 1915 年出版。凡 63 页，有毕公天序。内容分为国耻论说、国耻歌谣、国耻楹联、国耻诗词、国耻童经、国耻格言、国耻表解、国耻滩簧、国耻五更等栏。书中对于日本帝国主义逼迫袁世凯政权签订"二十一条"的过程，中国人民坚决反对的情形，各种爱国歌曲，言之綦详。郁慕侠编纂此书，志在雪耻，故半送半卖。此书采用妇孺皆能理解的浅显文字，又袖珍价廉，因此销路极广。出版当年就再版十次，销售十万余册[③]。至

---

① 郁慕侠：《军人宝鉴初集（续）》，《军范旬刊》1926 年第 6 期。
② 郁慕侠：《军人宝鉴（续）》，《军范旬刊》1926 年第 7 期。
③ 《国耻小志》，版权页。

1917 年，《国耻小志》已印制第五版。相关广告称：云南唐督军（蓂赓）、直隶曹督军（仲珊）、湖北王督军、陕西陈督军（伯生）、山东张督军、山西阎督军、宁夏马护军使、海州白镇守使等，对于此书亦竭诚提倡，曾饬发参谋厅各订购五百册或三百册，其价值可知[1]。

以后每逢国内有反对帝国主义斗争爆发，郁慕侠都加印销售，从而成为反帝爱国的常销书。到 1925 年，又销去五万余册。1925 年五卅运动爆发后，全国性的反帝运动再掀高潮，报社在 6 月份加印一万册，奉送各界，每册只取印费邮票五分[2]。一个月之内便送出去三千册，报社再次加印，以满足社会需求[3]。

在大量赠送《国耻小志》的同时，郁慕侠特地编辑了一本《国耻画》，包括国耻图画三十二帧，关于国耻的文章四十余篇。封面由一位 13 岁的湖州旅沪公学小学生刘志扬血书"痛史"二字。郁慕侠在《编辑大意》中写道：

自五卅、六一，南京路上两次惨案发生后，不仅

---

[1] 《〈国耻小志〉第五版又出版了》，《时事新报》1917 年 2 月 19 日第 8 版；《奉送〈国耻小志〉》，《吉长日报》1918 年 10 月 9 日第 6 版。

[2] 《赠送〈国耻小志〉》，《申报》1925 年 6 月 18 日第 18 版。

[3] 《续送〈国耻小志〉》，《申报》1925 年 8 月 25 日第 20 版。

沪上居民全体愤慨，而有三罢之举，各处同胞亦闻耗响应，几有举国一致之慨，民气如此，殊堪钦敬。第一时虽激昂热烈，未几即风流云散。征诸以往，不寒而憟，五分钟之奇耻不能一雪，兹可憾耳。故特编印《国耻画》，以期全国同胞人手一编，朝维夕诵，将层层国耻深印脑海，刻骨铭心，牢记弗忘。[①]

书中图画，出于多人之手。对于画的解读，很多由郁慕侠撰写，从中可见他的满腔爱国激情。比如第一幅画，题为"可怕的日历"，列举1915年5月7日、5月9日、1925年5月30日、6月1日等与国耻相关的日期，郁慕侠在释文中写道："大中华民国十四年五月三十日，上海之爱国学生，在自己的领土的英租界南京路上，演说救国之道，忽被英捕开枪射击，血花四溅，哀痛之声，惨不忍闻，当场击死数十人，击伤数百人。学生演讲，全球万国，均无禁止之理，今该捕乃如此残暴，杀我青年志士及无辜行人，此耻不雪，吾国民将死无所矣。呜呼！"[②]第二十八幅画是关于近代以来

① 格非室主（郁慕侠）编：《国耻画初集》，启智书局印刷，1926年再版，第1页。
② 格非室主（郁慕侠）编：《国耻画初集》，1926年再版，画面第1页。

列强侵略中国历次国耻日，郁慕侠在释文中写道："吾国历来受外人之欺侮蹂躏，搂指难数，一耻未雪，一耻又来。推原其故，良由国民无坚忍心，无合群心，无爱国爱人心，以致被外人轻视，不值半文。深愿国民一反前此之弱点，奋死力争，不胜不休，而旧恨新愁，必可一笔勾消矣。国人其勉之。"①

《国耻小志》的广泛赠送，《国耻画》的出版，引起租界当局的关注与嫉恨。1925年9月底，上海公共租界巡捕房在沪报馆搜出《国耻画》370份，当即拘捕了郁慕侠，罪名是《国耻画》标题"爱活生之歌""爱国主义之歌""我们将要亡国"等具有煽动性，违反政府相关规定。在法庭上，郁慕侠辩称，书在杭州印刷，沪报馆只是代销，每本可获利三分钱，对于书中内容，并未详察。最后，郁慕侠以违反出版法相关规定，判罚洋一百元充公，书籍没收②。经此案件，郁慕侠名声大振。

郁慕侠爱国情怀并没有因为这一案件而稍受减损，而是不屈不挠，继续奋击。1928年5月，日军进攻山东济南，

① 格非室主（郁慕侠）编：《国耻画初集》，1926年再版，画面第53页。
② 《违犯出版法之两控案已审结》，《时事新报（上海）》1925年10月1日第10版。

屠杀中国外交官员，打死打伤中国军民数千人，制造了震惊中外的"济南惨案"。惨案发端于5月3日，故史称"五三惨案"。案件发生后，上海自强书社编印《五三血》一书，揭露日军罪行，号召全国人民团结抗日。一批军政大员如王伯群、薛笃弼、唐悦良、易培基、何应钦、杨杏佛等，对此举极表赞成，亲笔题字，予以支持。郁慕侠与自强书社有无关联，不得而知，但此书出版以后，郁慕侠经营的格言丛辑社积极推广并销售。

三、《上海鳞爪》梗概

《上海鳞爪》，是郁慕侠此前所写关于上海社会短篇文字的汇集，主要发表于1931—1932年的《沪报》。最初分为上下集及续集，分别于1933年10月和1935年9月由上海沪报馆出版。所谓鳞爪，即一鳞半爪。郁慕侠在该书引言中说，此书虽与此前出版的梁启超《外交鳞爪》、徐志摩《巴黎的鳞爪》，书名相近，体裁相似，但内涵迥异。因为梁、徐二公之作品，一记坛坫上之琐闻，一述异国的杂碎，与本书取材大为径庭，"盖《上海鳞爪》包括海上全社会的形形色色，虽至一事一物、一人一传，亦尽量地搜求。在大体上，或关掌故，或系人事，或志风土，或记典章，或述秘密，或已往，或现在，都一一写出，与专记一事和撷拾外国风光者，截然不同"。

《上海鳞爪》所述，皆为当时上海滩之奇闻轶事，编为三百余篇，每篇文字少则百字，多则七八百字不等。全书内容虽无统系，然每篇均有子目标出，自首至尾，皆告段落，反映出近代上海的社会变迁与市民生活。其内容可大致分为以下几类。

（一）租界历史与社会风貌

作者在首篇《上海的人口与贸易额》[①]，便简述了上海开埠历史与贸易发展、人口增长、社会变迁。上海外国居民，在不同时期颇不相同，1910 年以前以英国人最多，1915 年以后日本人跃居第一。1932 年"一·二八"事变以后，日本人对上海的影响远远超过其他外侨。本书第三篇《日本在上海经济力之发展》[②]，集中叙述了日本人在上海的分布与影响。

《公共租界之三公园》，记述公共租界三个最重要的公园即外滩公园、虹口公园与兆丰公园，还有一篇《法国公园》，记述了法租界最重要的公园。两篇合起来，便可看出当时上海最重要的四个公园的特点。

---

① 此文最初发表于《沪报》1932 年 5 月 7 日第 2 版。
② 此文最初发表于《沪报》1932 年 5 月 10 日第 2 版。

道路与城市建筑方面，述及南京路、霞飞路、四川路、四马路、南石路与北石路、味莼园、外白渡桥、天妃宫、共舞台等等。

上海租界受西洋文化影响最为浓重，也是与内地城市差异最为显著的地方，书中对此记述相当丰富，诸如地火（煤气灯）、电灯、电话、电车、汽车、红绿灯、年红灯（霓红灯）、百货公司、新剧、电影、舞厅等。

住房拥挤是上海租界的突出现象，作者在《半条大马路》中简述了上海房地产状况，另外用《二房东受累》《挖费与小租》等五篇文字，介绍住房拥挤的现象，其中《鸽笼式之房屋》一篇①，对贫民居住情况缕述尤为细致。

（二）职业分工与社会百态

这方面书中介绍最为翔实。职业方面有露天通事、舞女、拆字、梳头佣、女裁缝、缝穷妇、报童、小书摊、卖书画、卖佛经、算命、粪夫、车夫、游戏场、小客栈、旅社、接方送药、代客煎药、豆腐店、馄饨担、粥店、成衣铺、各类浴室及其服务、捏脚、老虎灶、营造业的大小包作头、卖冰块、倒冷饭、拉一把、赶猪猡、杀猪猡、专做外国生意的

---

① 此文最初发表于《沪报》1931 年 12 月 16 日第 2 版。

乞丐、买烂东西（收买旧货）、拾荒（捡垃圾）、卖长锭（卖冥币）、吃讲茶等。

上述有些职业，一看名称便可大体知道他是做什么的，但有些职业名称如果不加解释，便很难知道他到底做什么事情的。如"捉蟋蟀"，并不是真的捉蟋蟀，而是专门拾取香烟屁股。"还魂烟"，指的是烟摊业主将收拢来的香烟屁股，分别优劣，条分缕析，重新卷成香烟，再分别出售，这种纸烟便叫"还魂烟"。"拉一把"，单看这三个字，读者自然会不知所云，其实这是上海乞丐的一种谋生手段。人们坐人力车经过苏州河一带的桥边，车子刚上桥塊，常有蓬首垢面的乞丐一手握住车杠，口里嚷道"拉一把"，帮助拉车上桥，等拉到桥面，他就伸手索钱，并道："老板，一只铜板小意思。"唠唠叨叨，絮聒不休。

（三）城市病与流行语

书中呈现的上海，是由三个不同行政机构分别管理的上海，公共租界、法租界与华界政权，各有自己管辖的范围，各有各的法律、警察、交通系统、教育卫生系统等，事权不一，社会管理存在许多管理缝隙与死角。因而近代上海，世界性与地方性并存，摩登性与传统性并存，先进性与落后性并存，贫富悬殊，极为混杂。对于这种混杂性，书中记述相当丰富，包括流行歌曲、兜喜神方、马路政客、野鸡大学、镀金博士、公司花瓶、尿坑招贴、屋顶八卦、玻璃包厢、马路兜风、空头支票、假钞票、假银币、假书画、假客气、同性恋等。

烟（鸦片）、赌（赌博）、娼（娼妓）是旧上海城市病中的突出现象，也是最为世所诟病的地方。此书至少有三分之一的篇幅与此有关，作者以批评的笔调，从不同侧面揭示了这类城市病的起源、特点与危害。

对于近代上海特有的一些流行语言，书中亦有所介绍，比如十三点、开大炮、揩油、卖羊、卖相、冲鸟、冲喜、虚头、野鸡、拿开销、讲斤头、赏光券、戤牌头、三光党、三色棍等。

书中还述及近代上海一些著名案件与名人，诸如宋教仁案、戴季陶被捕、章太炎被禁、康有为办报、《天铎报》人才、模特儿事件。

郁慕侠担任过戏曲报纸的主编，对戏曲有不错的鉴赏水平，书中所述《南市新舞台》《蟾宫折桂》《真刀真枪的创始人》《共舞台之男女合演》《女伶封王》《小叫天之荣辱》等，是研究上海戏曲史的重要史料。

《上海鳞爪》所记以租界之事为多，盖作者居于此，食于此，工作于此。近代中国有二十多个租界，其中以上海租界规模最大，历时最久，影响最大。上海租界自1845年出现，至1943年结束，历时98年。租界的形成与发展，与列强之野蛮侵略相关，与清朝腐朽之统治相关。郁慕侠自移居上海以后，到此书出版之时，已有二十多年。此书出版时，正值上海租界鼎盛之际，也正是国内收回租界呼声日益高涨之际，因此，书中对租界之事特别关注，记述特别翔实。

需要指出的是，《上海鳞爪》并非郁慕侠关于上海社会文化记述的全部内容，而仅仅是其中的一部分。他此前出版的《慕侠纂辑》，颇多关于上海租界社会百态的记述。在那本书里，他对于列强通过租界对中国欺凌的抨击，对于社会弊端的批判，较之本书有过之而无不及。如果将两部书连起来读，对于近代上海租界的社会特点，对于郁慕侠其人，都可以有更为全面的了解。

序

上海社会情形，诚所谓五花八门，千妖百怪，无奇不有。此书虽然不过仅仅披露一鳞半爪，然而窥豹一斑，亦足以引起注意，使人有所认识。大抵一般青年，涉足于社会之初，往往受环境支配，身心不由自主。既无知人之明，近墨近朱，罔知所择，而是非之观念，亦且混淆于众咻之间。于是魑魅魍魉，得以施其伎俩，推而内之陷阱之中，不复能自振拔者，比比然也。

郁君慕侠尝著《格言丛辑》，一欲以正人心为主旨。曩在军阀时代，犹且人手一编，由军事长官散给于士卒，颇风行于一时，故其续编乃至二十集之多。今虽已置高阁，但其宗旨不变，故又撰纂是书，将使茶余酒后之谈，借作千秋之鉴。盖其所举之事，纵为琐碎，亦必寓以劝惩，而于成功人之历史，则多叙述其缔造之艰难，用以鼓励青年，一革其消极悲观之念，是于世道人心，诚可借为对症发药。以视小说家言，徒作空中楼阁引人兴趣者，固不可同日语也。庄子有云："大声不入于里耳，《折扬》《皇荂》，则嗑然而笑。"郁君此著，正取此旨，所谓卑之毋甚高论，其收效之速，当在《格言丛辑》之上，可断言也。

　　　　　　癸酉七夕，天虚我生识于西湖息养社

引　言

　　余饥驱海上，从清季到今，一刹那已二十五年了。此二十五年所经过的过程中，心所接，目所触，耳所闻，奇奇怪怪，事事物物，也不知其凡几，真是沧海变桑田，华屋成山丘，仿佛近之。偶一追溯，备极感喟。现在只凭脑力记忆，或朋侣述告，或读书所得，一件件、一桩桩，赤裸裸的描写出来。因为没有统系的演述，故名《上海鳞爪》。

　　先吾而作这种体裁之书，前有梁任公的《外交鳞爪》，后有徐志摩的《巴黎鳞爪》。但是二公底作品，一记坛坫上之琐闻，一述异国的杂碎，与余所作，体裁似同，取材则异。盖《上海鳞爪》包括海上全社会的形形色色，虽至一事一物、一人一传，亦尽量地搜求。在大体上，或关掌故，或系人事，或志风土，或记典章，或述秘密，或已往，或现在，都一一写出，与专记一事和撷拾外国风光者，截然不同。

　　本书记载各事，偏重于租界方面，因余居于此，食于此，服务于此，租界上的情形，比较的明瞭一些，是以记载独多。至其他方面，闻见较少，而演述也较稀，不过举一反三，可概其余了。

书的体裁，虽无统系，实则每篇均有子目标出，自首至尾，都告段落。阅者目谓传述固可，秘史亦可，如目谓笔记更无不可。

惟是余心为形役，草草劳人，往往手忙脚乱地仓卒写来，错误阙漏，在所难免。甚愿明瞭上海社会情形的同志们加以匡正，则不禁焚香裤之，跂予望之。

中华民国二十二年九月

上

集

上海的人口与贸易额

上海本濒海一县治，三面临海，一面依陆，未辟租界以前，也不过普通一县治。自从清朝道光间鸦片战争失败后，中国应英国的要求，成立《南京条约》，开放宁波、汕头、福州、厦门、上海五处为通商港口，迄今已近九十年了。最初（即一八五〇年）的英租界，沿岸建筑不过五十英尺，界内仅有住宅两处，海关和仓库而已。过了两年，开始建筑住屋、开辟道路和设置码头等工作。起初收入月不过五千元，经过几十年的时间，现在已有惊人的改变。

起始的贸易额，年输入四百三十万两，输出一千零四十万两，两项合计还不到一千五百万两。到了民国十八年，贸易的总额已达九亿九千八百万两。公共租界的收入，也有一千二百四十七万两，支出九百四十四万两。全沪人口数，已超过三百万了。

在许多人口中，当然以中国人为最多，日本人次之。兹据最近调查，各国留沪人口，日本计二万四千一百廿九人（台湾九百零五人，朝鲜四百十二人），英国六千二百廿一人，法国四千五百十九人，美国一千六百零八人，俄国三千四百八十七人，印度一千八百四十二人，葡国一千三百三十三人，还有德国、比国、嗬岴、瑞典、土耳其等国，人数最少，各约数百人，国别共有四十国之多。

复杂之社会

上海为通商大埠，中外毕集，人口繁夥，年有增加。据最近调查，全沪人口已达三百数十万。试以如许人口中调查其籍贯，不但全国二十二省均相与偕来，即欧、澳、非、亚各洲人民也俱完备，不过有多少之分别。人种既不同，籍贯又各异，因此一家之左右邻居，向例不相往返，不通红白。甚而一屋之中，同居的虽多至数家（因房价昂贵，一家负担不起，将一室中的余屋分租于人，即俗呼"二房东""三房客"之称），也仅点头答礼而不问姓氏者。其复杂与奇特情形，实为内地各处所无，揆诸亲邻善仁之意则相去远了。

日本在上海经济力之发展

虹口到杨树浦迤逦一带几十里地方，差不多已为日人贸易和居住的势力范围，纺织公司林立鼎峙，如东洋纺、钟纺、东华纺、同兴纺、上海纺等。由杨树浦再上些，便是日本邮船码头，如汇山码头、大阪商船码头、满铁码头等。沿黄浦滨的建筑物，如正金银行，台湾银行，日清汽船公司，三菱、三井两株式会社，都是厦屋巍峨，气象万千。还有沪西小沙渡的各纺织厂，也有好几家。

日人的事业，除邮船、绸布、食料、杂物外，以纺织业为最盛，有内外绵、大日本绵、上海纺织、日华纺织、裕丰纺织、丰田纺织、上海制造绢丝等各大工场，织机有一万座以上，占吾国纺织业十分之三，所雇华工共计五万多人。

日本商店，以虹口一带为密集区域，如吴淞路、鸭绿路、西华德路和北四川路之北端，差不多已成了日本街市。

从去年"九一八"东北事变后，沪商一致起而抵制日货，日本商人大受打击。他们不从根本上觉悟，徒怀恨抗日会，复酿成"一·二八"之惨变，结果又是吾中国人大吃其亏。

分租房屋之习惯法

年来房租日贵，独租一屋，实匪容易。故每向二房东分租一间或二间者，触目皆是，甚至一幢房屋之中，分租至四五家或七八家者，也习以为常。试观街头巷尾，高黏红纸之分租招贴，纵横错杂，阅之目迷，益信分租于人的多。

旅沪居民欲在二房东处租屋居住，等到看定房屋后，彼此言明月租若干及何日起租。说定，先付定洋（定洋不限多寡，至少一元，多则二元、四元、十元不等，视租值之厚薄，订定洋之多寡），付给定洋后，二房东即将召租毁去。还有租费，俟迁入后例须一次付清，以预付一个月为限。将来倘彼此不合，可先于租期未满前十日关照二房东或三房客，俾得另张招贴，召致他客。也有三房客已付定洋，尚未迁入，二房东忽不愿租借者，应付还加倍定洋。又彼此退租，一年中惟废历正月、五月、六月、十二月四个月，照例不准退租。苟有特别事故与亲戚关系的，也可随时退租，可作别论。此二房东和三房客相互间之习惯法。

二房东受累

近来世风浇漓，匪盗日多，为非作恶之徒，往往向二房东租屋一间，作为秘密机关。但一旦事泄捉将官里去，牵涉二房东对簿公庭、调查传唤，已不胜其烦劳。等到案情大白，二房东虽无罪，然已饱吃虚惊不浅。此等无辜受累，实有冤无处告诉，故有二房东者为预防计，乃不黏招贴，转托亲友介绍三房客。盖介绍来者必有根底，且必正式良民，将来可免意外之殃。又二房东瞧看屋人是粗汉一流，无妇女同来，当场即假称此屋业已租去，或故昂其值，以示拒绝不租之意。有屋分租者，亦其难如此。

故有吃过冤枉的二房东，在召租上面加书"无保免进"四字，即指明如无保人拒绝租屋之意，也是一种防患未然之道。华界方面，不论向大房东、二房东租屋，概须具保。迁入之日，更须向公安局户口处报告领照，以免歹人混入。

挖费与小租

租借房屋，除了缴付租费外，还有两项例外的费用，一曰挖费，二曰小租。

譬如某处有座市房，本由某甲开设店铺，已居多年，相安无事。后来因为某乙觊觎他的市房，不问情由，暗暗到经租帐房处私下运动，愿出酬劳金若干。一经运动成熟，再由房东名义关照某甲推托收回自用，限期迁让。因租界上租屋的习惯法，房东要收回，房客要退屋，只须一个月前关照，即可双方如愿以偿，故在某甲方面只好忍痛搬迁。至某乙达到目的后，所耗去的运动费，大者数万元，小者数千、数百，概无一定数目，要看乙方需要之殷否与市房位置的如何而后定。此项费用名叫"挖费"。

至"小租"一项，起初向大房东租屋时付给。所称谓"小"者，即别与正当租费之外。一说，此项小租都归经租处职员瓜分，不入大房的腰包，故以"小"字称之。说到数目，也无一定，最少一个月（譬如租费每月五十元，小租也须五十元，余类推），多则三个月、五个月不等。现在小租已成租界上普遍的恶习，无可避免的。如在冷僻地方新造几幢房屋，无人去租赁，由房东登报召租，免去小租的也有，不过这是很少的例外。

鸽笼式之房屋

全沪人口虽有三百数十万人之多，倘使分晰言之，无产阶级的穷小子倒占去了十分之七八。以故关于衣、食、住的"住"字问题，除去有产阶级自己盖造了高楼大厦和欧式洋房外，大多数均租房住宿。如果租赁一幢或两幢房子独家居住，已经是很不多见。大概租了房子，因租费昂贵，力难独居，都自己添加几只阁楼和屋顶房间，然后另召房客分居，俾可在租费上减轻一些负担。故往往只有一幢房子，多有四五家或七八家房客同居的。屋窄人稠，闹得乌烟瘴气，也不遑顾及了，原因总为经济的逼迫关系，而无可如何之事。其他清洁上、空气上，亦只好马马虎虎。至于卫生和不卫生，都付之不问不闻。

时人称这种屋窄人稠的房子，加了一个尊号道"鸽笼式"之房屋，可谓形容尽致，感慨同深。但依照目下的时势，地产一天的值钱一天，房租一天的高涨一天，再过几年，要住这种鸽笼式之房屋也有些吃力了。

三层楼

华界和法租界的弄堂房子，多有建筑三层楼者。惟公共租界的房屋只有店面，可以造三层起至十层、数十层，弄堂房子仍旧以二层为限。因工部局打样间，恐弄堂房子居户众多，易肇火灾，故不肯签出照会，也是防患未然之道。

公馆马路的骑楼

法租界有一条很长的公馆马路（俗呼法租界大马路），东头到黄浦滩，西头到八仙桥，现在沿路新建起的市房，大都筑有骑楼。每逢天雨，人们走在人行道上，一点儿不沾湿衣鞋，因上面有骑楼遮蔽之故。这种骑楼式的市房，只建筑在法租界公馆马路上，其他地方未曾有过，而公共租界也未有此种市房。据说，香港和法国巴黎两处，这种市房早已建筑得很多了。

半条大马路

东至黄浦滩、西到泥城桥一段之南京路（俗呼大马路），从前用水泥铺路，后来都改用赭色香梨木铺砌，所费不赀。相传全路经费由入英国籍之犹太人哈同捐助，未知是吗？又南京路一带之房屋地产，大半由哈氏购置，故哈有"半条大马路"之豪誉。

公共租界之三公园

　　公共租界之公园，为外人经营的，如黄浦滩（即外白渡桥堍）公园、北四川路底之虹口公园和梵王渡公园（又称兆丰花园）等三处，都饶有亭台楼榭、树林花圃之胜。初辟底时候，吾华人本可不费分文，随意进出，与西人享有同等的权利。后来因有少数不守规则份子发生作践举动，就此不准华人进园，更竖立一牌，大书"华人与犬不准出入"八字。于是吾华人欲游公园，只好望门兴叹，其可耻为何如呢？

　　嗣后西人方面自己想想也说不过去，另外在里白渡桥堍辟一小小园林，专为华人游览之所。不过这座园林地方很狭小，布置又简单，倘和黄浦滩等三公园比较一下，那就天差地远了。

　　四年前，经吾国人及纳税会董事等力争，工部局始允一律开放。惟预防作践和补助起见，不论中西游客，每人概取游资铜元十枚，长券每人一元（可得游览一年之利益）。后来不知怎样，每人铜元十枚之游资涨至小洋两角了，而长券仍旧一元，并不增价。

　　从前禁止华人入园时，日本人也在其内。后来日人战胜俄罗斯，一跃而为头等国家，享受国际上的荣誉，即取消前例，可以自由出入。惟吾居主人翁地位之华人，依然与畜类一样，不准进园。此虽过去的耻辱，但偶一想来，犹有余痛。在去年起，又在虹口汇山路辟一汇山公园，以故连原有之三公园，已成为四公园了。

桥梁之遗迹

当十五年前，英、法租界交界的洋泾浜未填满时代，有桥梁多座，如西新桥咧，东新桥咧，郑家木桥咧，带钩桥咧，三茅阁桥咧，二洋泾桥咧，三洋泾桥咧。自填满以后，行经其间，只见一条平坦广阔的爱多亚路，不知此条大路即十五年前的柴船、粪船天天泊入其中，秽水淤塞之洋泾浜呀。还有法租界之八仙桥、太平桥、南洋桥、褚家桥，英租界之三座泥城桥（即中、北、南三桥），自填成马路后，这种桥梁久已荡然无存，行人过此，只可想像其遗迹罢了。再有虹口之提篮桥，北京路、浙江路相近的偷鸡桥（一说斗鸡桥），拆除填满，为时尤远。作者在清末到沪，已不见此等桥梁。

长三与幺二

海上妓院林立，最上等的曰"长三"，如北平之清音小班；次等的曰"幺二"，曰"咸肉"；再次曰"雉妓"，曰"烟妓"。此种名称，凡涉足花丛者都能道之，如询以长三、幺二命名之意义，则又瞠目不能答。兹据熟悉花丛掌故者说，在满清中叶，初辟租界，设立长三、幺二妓院时，凡游客前往茶会，须给资三元，召妓侑觞（即堂唱）每次亦需三元；幺二则比较价廉，每次茶会一元，堂唱二元。此"长三"与"幺二"命名之由来。降及今兹，到长三妓院茶会，久已取消给资之例，每次堂唱也低减至一元，且一般括皮朋友，每逢节边付还堂唱费时，间有减半与之。惟现在之幺二妓院仍旧率循旧章，未见折减。故有"滥污长三板幺二"之沪谚，殆即指此。

娼妓籍贯之不同

海上娼妓籍贯，大别之只有五帮，曰苏帮，曰扬帮，曰粤帮，曰甬帮，曰本地帮。实则仔细观察，差不多各省都有，不过人数有多寡之别了。除国籍外，还有日本艺妓、外国娼妓（外国以俄妓为多）。至各娼寮中，如长三、幺二两处，以苏籍为多；雉妓院和花烟间，以江北帮（即扬帮）为众；咸肉庄、碰和台等，各帮都错杂其间，没有确定的籍贯。

野鸡之释义

海上之三等娼妓，亦犹平津之下处，然一般群众口中不称下处，都呼"野鸡"（即雉妓），此与平津不同。按鸡为禽类，在家豢养的曰家鸡，在郊野中自由生活的曰野鸡，毛羽较家鸡尤美丽，性喜翱翔，尝四出觅食，行止靡定。今人称此类娼妓为野鸡者，因外表服饰之鲜华，其美相若，而深宵傍晚往往徜徉路旁或往返茶室间，川流不息，厥状很忙，似和在山陬荒僻中天然之野鸡相类。此所以呼三等娼妓为野鸡，义即指此。

女校书

从前的高等妓女，除长三外，还有女校书。每晚坐了四人呢轿，到福州路天乐窝、小广寒各书场去弹唱，轿前有灯笼一盏，上列"公务正堂"四字。客人属意该妓时，先点戏如干出，作为问津的先容。她们说，能到书场弹唱的称"女校书"，不弹唱的称"长三"，其实同在一窑子里，有什么区别呢？近年来这种书场久已闭歇完了，妓女坐轿风气也早已革除了。从前还有一种幼妓，到书寓弹唱时不坐四人轿，由龟奴肩捎疾走，呼喝而过，厥状很为奇观。

韩庄开一炮

韩庄、台基、咸肉庄这一串名词，都是男女短时间的泄欲场所，故又叫"人肉市场"。至韩庄地点，如英租界之白克路、牛庄路，法租界之杀牛公司、南阳桥等处为最多。

什么叫"开一炮"呢？就是逛韩庄的人们，到了那里，临时看中一人，并不住夜，只为解决一时的性欲冲动而已。每"炮"需费三元，另外加给小账四角，这是一种普通的办法。倘使你要点中某某明星或某某名姨，那就不在三元之例。此种泄欲又叫"斩一刀"，如用字义来讲，都在可解不可解之间。

借小房子

　　男女恋爱到成熟时期，双方感觉着开房间的不经济和不便当，于是去租借一间房子，为实行同居之爱。不过双方是偷偷暗暗的，是不公开的，故名"借小房子"。其实住在上海的朋友大多数为着经济困难，对于住的问题，谁不是只租一楼或一厢？而且将会客间、厨房、卧室、浴室、便室、餐室，大都挤在一间屋子里，虽不卫生，也只好将就将就。这种小而又窄的居室，如系正式眷属，人却不说你"借小房子"了。倘使非正式的结合，无论你怎样阔绰，租了很广大很华丽的洋房，人们虽改口说一声"借小公馆"，而这"小"字，到底也不能免掉罢。

娼门中的术语

　　说起这个术语，差不多行行都有。什么叫术语？就是一业中的隐语，在江湖上混饭的，如医卜、星相等更多。他们一举一动，一衣一食，一风一雨，对自己人说话都有隐语，而且叫隐语为"春典"。

　　妓寮娼门，居然也有隐语。如说嫖客和含苞未放之妓女私通，曰"偷开苞"；说嫖客另恋他妓，曰"跳槽"，又说"越界筑路"；说嫖客和妓女销魂，曰"落水"；说嫖客到生意冷淡之妓院报效，曰"烧冷灶"；说一个妓女同时和两个嫖客相好，曰"白板对煞"；说妓女倒贴小白脸，曰"养小鬼"；说嫖客在娼门中占着便宜，曰"吃豆腐"；说妓女之靠山，曰"撑头"；说妓女向嫖客假献殷勤，曰"灌米汤"；说妓鸨向嫖客额外需索，曰"开调夫"，又说"劈斧头"；说妓女之适来月经，曰"亲家姆上门"；说嫖客只叫一回堂差，曰"丹阳客人"（"丹阳"谐"单洋"，即是说只有一只洋的交易）；说嫖客到娼门吃酒碰和，曰"做花头"；妓鸨自己说在娼门中混饭，曰"吃把势饭"，又说"吃七煞饭"（"把势"的"势"字语含双关。七煞者，如饿煞、饱煞、吓煞、忙煞、苦煞、跑煞、气煞）。

咸水妹

咸水妹，是中国人专营外国生意的娼妓。她们既称咸水妹，定章很严，只准接外，不许接内。每周由卫生处派人检验有无毒征，才许给照营业，如患花柳，即勒令入院治疗，以免贻毒外宾，防范很周。公共租界上以虹口之鸭绿路，法租界以磨坊街与典当街，为咸水妹群聚地点。每到薄暮深宵，尝见白衣白冠之水兵在该处蹀躞徘徊，意有所属，而她们亦浪声秽语，媚眼横飞，以施其勾搭手段。

至"咸水妹"三字的意义，因为香港初开埠时候，外国人渐渐来的多了，要寻妓女也没有，为什么呢？因为他们相貌和吾们两样，那时大家都未曾看惯，看见他那种异相，没有一个不害怕的，那些妓女谁敢近他？只有香港海面上那些摇舢板的女子，她们渡外国人上下轮船，先看惯了，言语也慢慢地通了，外国人和她们调笑起来，她们自后就以此为业。香港是一个海岛，海水是咸的，她们都在海面做生意，所以叫她做"咸水妹"，以后便成了接洋人的妓女之通称。这个"妹"字，是广东俗语女子未曾出嫁之意。

轿饭票之三变

轿饭票，是娼门中给与客人的一种车费。当那民初时代，做主人的到妓院中去请客，末了，自己拿着一叠局票、一枝破笔，遍询客人的车夫叫什么名字，边问边写。如车夫叫阿金，局票上先写"阿金"二字，接下去再画二个圆圈，暗示二百之数，旁边写主人的姓字和月日，再将写好各票一一留入底纸，然后发给客人，转发他的车夫，这就是轿饭票。到了领取时候，须将底纸对过，以防杜造冒领。每张价值虽只二百文，而手续也很繁杂。后因主人和娼门方面都觉着不便利，就此取消这种制度，由妓院自制铜牌，式样各别，有花篮的、桃子的，也有古瓶的，四面镌有花纹，中镌妓名，很觉精致。如得铜牌一块，可往发牌子的妓院换钱二百。后来客人因着铜牌好玩，大家都留藏起来，作为一种玩物，于是娼门中发出的多，收回的少。每逢花头，不够分发，于是月月须添制铜牌，比较从前用局票代替，更觉麻烦。正在为难当口，有妓院左近的烟纸店老板，乘机印好一种轿饭票，形式比现下的辅币券略大些。而妓院预先去买，更有折扣。如五十张计钱十千文，可打九五或九三付款。此票有两种便利，妓院觅购，可得折扣之益，并且免除付钱之劳，因车夫得票后，按照票上刊印店号，直接自往兑换，以故十几年以来，流行这个制度直到现在了。从局票书写到烟纸店发行，已是一变三变，小小的一张轿饭票，已有如许的变化。

　　再说烟纸店方面的利益，（一）贪图觅进零出；（二）发出去的票子，到了后来只有少不会多，这就是他们唯一的希望。倘无油水可揩，烟纸店老板不是呆虫，哪肯花了印刷费去巴结娼家呢？

流动的卖唱

卖唱这个生意，大而言之，像那舞台上的新旧艺员、群芳会上的妓女和说书弹唱及一切杂耍小调等等；小而言之，如露天舞台上的角色、走弄堂的男女和跑馆子的歌女，都是以卖唱为生活。他们的总诀，只有一句道"吃开口饭"。

现在且说跑酒菜馆、旅馆的歌女们，全沪计之，也有一二百人。歌女的年龄都在十二三到十七八，她们的身世，大率由假父假母价卖而来的养女，教会歌唱后即天天从事跑唱，以其所得代价养赡她的假父母。歌女出来，也穿了一身花花绿绿的摩登衣服，搽了脂，抹了粉，后面跟随琴师一人。到达酒菜馆房间时，瞧见客座有人在内聚饮或谈话，她即搴帘而入，不召自至，手持一白布折子，满列平剧剧名，嬲人点戏，每出二角。倘客不允，她必再三歪缠，必坚拒之才悻悻而去。此种跑馆子、跑旅馆的卖唱歌女，发现迄今，也有七八年的历史了。

点大蜡烛

长三娼寮的小先生（即幼妓）如第一次经嫖客梳栊，她们却郑重其事，那天晚上必嬲嫖客点了大蜡烛，雇了一班乐工吹吹唱唱，以作破瓜的盛大纪念。点大蜡烛的顽意，在妓家视之，都目谓很庄重的典礼。

还有一种迷信嫖客，如今夜梳栊了小先生，点了大蜡烛，撞了红，必可生意兴隆，大发其财。故很有在那商业场中触了霉头，失败回来的商人，都要到娼寮中去点一次大蜡烛，缠头虽巨，千金不惜。但是娼寮中的真正小先生很少，都以尖先生混充（虽称未经人道之幼妓，实则早已破瓜的，叫"尖先生"），狡黠的鸨母施用人工来救济，能使尖先生变了小先生。而嫖客和尖先生梳栊，一样地可以流丹盈滴，似不胜其葳蕤者，其实已中其计，而瘟生嫖客，却在昏昏沉沉中已堕其术而不知不觉了。

老、少

"老爷""少爷"的称呼，应该随帝制以俱去，但是积习相沿，牢不可破。中华民国虽成立了二十多年，这个挟着帝制臭味的"老爷""少爷"，依然常常可以听得到这种称呼。

不过娼寮中叫起"老爷""少爷"来，早已删除了"爷"字。譬如你是姓张的，她们叫你一声"张老"，你如姓李的，叫你一声"李少"。至于老、少的分别，看你的年齿而定，如果年老一点称"老"，年轻一点称"少"。

倘使姓苏的老头儿去逛窑子，她们叫起你"苏老"来，试问你答应不答应？如果答应下去，你已自承为梁上君子了，因为沪谚呼窃贼为"苏老码子"。或者有一年轻人姓傅，他们叫你"傅少"，"傅少"两字又和"火烧"谐音，"火烧火烧"，你答应么？还是不答应呢？倒是一个怪有趣的问题。

一说娟门中称某老、某少而不称老爷、少爷，是她们一种不愿意称"爷"的表示。又说特为缩去"爷"字，以示其亲热。

公务正堂

三十年前，作者犹在童年，随先君来沪公干，瞧见妓女出堂唱和上书场（彼时书场之风气很盛，如福州路一带的天乐窝、小广寒等，都为妓女弹唱之地）的当口，倘使她是浑倌人（即已破瓜之妓女），必用青呢四人小轿舁之飞行。桥前一个龟奴，拿着灯笼一盏，吆喝而过，灯上粘着四个红字，大书特书曰"公务正堂"。

按清代官制，起码七品知县才可称一声正堂，典史和县丞只称左右两堂，故佐杂班子呼知县，须尊称一声堂翁，就是此意。而彼时之妓女竟敢僭称正堂，不但咄咄怪事，而且胆大妄为。况出堂唱和上书场都是淫业一类，如称淫务还算合理，她们偏不称淫务而称公务，又为名实不符。岂妓女卖淫，也是一种正当的公务吗？

征　歌

在欢乐场中应酬，欲召妓女来侑酒，名唤"叫堂唱"（平津地方称"叫条子"）。不论生张熟魏，局费一概暂欠，不须现付，不若北平、天津之当场付给，概不挂账。此指苏帮、本帮娼寮而言。倘召粤妓侑酒，局费也如平津一样，一律现开销，每局二元至一元，随客付给，并不计较。

北四川路一带的广东菜馆，每室中都挂有粤妓花名牌一块，上书"粤花一览"，下书妓名，客可按图索骥，书条叫唤。菜馆中的局票与其他菜馆也微有不同，上首冠有"征歌"两字。粤妓出局侑酒，多自弹自唱，故侍女必挟一洋琴（或胡琴）随来，其用乌师操弦的很不多见，非如苏妓出局歌唱，必雇乌师担任操弦之职。

野鸡拉夫

军队中每逢开拔当口，常有拉夫举动，不料马路上鬻淫之野鸡也有拉夫的丑事。如公共租界之劳合路、贵州路、浙江路、大马路先施公司后面、三马路中法药房门口、法租界之东新桥、东西两自来火街和八仙桥、褚家桥，都是野鸡站立的大本营，瞧见男子单独行过，不论老的少的、漂亮的蹩脚的，她们都要上来拉扯。如看你诚实一点而不愿被拉者，她们立刻召集了四五人或七八人蜂拥而来，拉头拽脚的架你进去，任凭你力大如牛，到此也没法摆脱。进去之后，如意志坚决，不愿消魂，起码要牺牲小洋二毛，才放你走出，她们的术语叫"接财神"。

她们的工作，或在旁晚，或在深夜，最为努力，更有在青天白日也会拉扯起来。这副凶如虎狼的状态，实在可恨可怜。因为她们受了环境的支配、生活的逼迫，不得已而出此。原情度理，岂不既可恨而又可怜吗？

去年春间，英、法两租界警务处特派出许多警捕和便衣侦探，又备了一辆黑色警备汽车，驰往野鸡的丛集地方，一个一个的捉到巡捕房去，或拘或罚，以示惩儆。经过了几次捕房捕捉之后，现在已不敢在马路上明目张胆地拉夫了。

到了今年，禁令稍弛，她们又鬼鬼祟祟地站出来，做她的拉夫工作，而在冷僻地方又猖狂如旧。唉！孰令致之而至于此？真是予欲无言。

露天通事

二十年前的露天通事，人数很多，生意也很好。究竟露天通事是怎样一种生意呢？就是外国人到城内南市去游玩或购买东西，他们作毛遂自荐，担任向导和翻译，末了，或在购物店铺中拿取回佣，或由外国人给与酬金。他们无固定的地点，只在南市各口跑来跑去，瞧见外国人进来了就上前去兜搭，自告奋勇担任舌人职务，此"露天通事"之所以得名。从前依此为生的也有二百多人，现下这项生意已大不如前。因为近来的外国人大都精通沪语，进城游玩和购买东西一概直接交谈，无须舌人，故此业露天通事的人数也就大减特减了。

东洋女堂倌

现在的日本自命为一等强国了，不过五十年前（即清季同末光初），他们的卖淫妇女却是遍地皆有，最多之处在那虹口一带。彼时有所谓东洋茶馆者，雇用一班年轻浪妇充女堂倌，斟茶、抹桌等一切执役都是女堂倌担任。茶客趋往品茗，可随意调笑和摸索，她们不但不怒，反曲意奉迎，唯恐不周。因此吾国的裙屐青年、善摘野花者，莫不趋之若鹜。倘欲真个销魂，只须给她大洋二三元，即可达到泄欲目的。

后来伊藤博文来沪，侦知东洋茶馆的内幕，以为此种堂而皇之的丑业大坍东洋人之台，于是就下令收歇，不准开设。现在东洋茶馆虽久已收歇了，惟东洋妓馆，迄今在虹口区城内高张艳帜的仍旧很多。

青莲阁茶室前年迁移至福州路、浙江路转角时候，登载广告说，雇用东洋女堂倌招待茶客。后因彼此条件不合，此议作罢，故未实现。今附记于此。

包车野鸡

在十年以前，每到深夜时候，南京路上常有一种姿色美丽、衣服入时的雏妓，坐了一辆簇新的包车，在路边缓缓而行。她在车上更不断地左顾右盼，媚眼横飞，遇有贾大夫辈偶然向她行一注目礼，就满面笑容的搭讪上来，拉车的车夫也会贼忒嘻嘻的对着你扮鬼脸。她知道生意来了，轻轻地操着苏白说道："阿要到倪屋里去（读若起）坐坐。"你只要稍为颠一颠头，车夫就掉转车头，拉回鸡巢，你也就可做她的入幕之宾。至于夜度资、茶会费，比较在沿路乱拉行人的雉妓要昂贵一点，因为她们是"包车野鸡"呀。南京路西头的德裕里和白克路的珊家园，都是这种娼妓的集中地。

烟、赌、娟

上海的社会，物质上是文明极了，其实是烟、赌、娟三项结合之社会。试悉心体察之，处处有烟、赌、娟的成分在内，虽不能谓为全上海如是，至少限度也有八分以下、七分以上，事实如此，并非苛论。

第一是鸦片烟。迭经政府机关、地方团体一再严禁，一再呼号，而私运、私贩、私吸三项，竟随地皆有，无时无之。因此已戒者复思吸食，未吸者相率成瘾。一班青年男女竟视为正当的消遣、唯一的娱乐，短榻横陈，快乐逍遥。但是如此快乐，恐不久的将来即堕入魔道，永沦地狱，其苦楚正自无穷。惟沉溺者烟迷正浓，哪肯立即回头，澈底觉悟？岂不可叹！

第二是赌。麻雀、挖花、扑克三者，已成为公开的娱乐品；牌九、摇滩、轮盘、花会以及一切的一切，为秘密之赌博。试观全沪三百余万人口中，除小孩童稚外，至少限度约有半数嗜赌，赌之浸淫于社会，广矣深矣！大赌窟中呼卢喝雉，一掷数万金、数千元姑不具论外，商家居户亦视麻雀、挖花为唯一之消遣。吾人行经街头巷中，常耳闻劈拍叫嚣之声浪，可以证实余言之非虚。此类消遣偶一为之，虽无大害，但恐一经沉溺，即有废时耗财之虞。但如此普遍的恶习俗，欲图挽救，更非旦夕之力可能奏效。至大赌窟之倾人钱财、耗人家业、败人节操者，其害更不可胜言了。

第三是娼。说到海上娼妓，更属遍地皆是。又有公娼、私娼之别，公娼者，包括长三、幺二、雉妓、咸肉庄、烟妓等一切，都纳有捐税，公开卖性，肆无忌惮；私娼包括明星、淌白、碰和台、半开门等一切，即不纳捐税之谓。至全沪公、私娼之总数，未尝加以精密调查，无法为之统计，然约略计算，当在十万人以上。以如是众多之娼妓，日惟营营扰扰，施行其勾魂摄魄、狐媚惑人之手段，而贻害于血气未定的青年（或非青年），遂不可收拾了。试看沪人患有梅毒隐病的，前据某医生报告，百人中竟达三十人左右，其数目殊堪惊人。

除女性之公、私娼妓外，还有男妓混迹社会，以营其丑业（如钟雪琴、罗美人之类）。一般欲尝异味之同性嫖客，乃趋之若鹜。据说男娼亦出堂差，亦可碰和、吃酒、住夜。不过当局禁令森严，故皆秘密经营，不敢公然开张。

神秘的朝会

开店铺的老板娘和人家雇用的女仆，有了心爱的恋人，因晚上不便幽会，往往在早晨七八点钟的时候，推说购买菜蔬，私往旅馆，和其爱人相会以偿其肉欲，也数见不鲜。某日清晨，作者到满庭坊某旅社访友，走上楼来，瞧见多数房间双扉紧闭，门外摆了一只空篮、一管小秤。作者睹状大异，岂老板娘买小菜买到客栈里来吗？客栈岂改作小菜场吗？询问茶役，役微笑不语。后来碰见了一位熟识侍者说道，他俩是"朝会"，又名"赶早市"。作者才恍然大悟，不过他们的所谓朝会，和军队中的例行朝会，其旨趣当然是截然不相同呢。

茶房媒

人们行经爱多亚路一带小客栈门前，常有一班茶房趋前低声说道："喂！先生，阿要进来开个房间白相相，刚有一位初次出来括括叫的好姑娘，好玩得很。倘使看不中意，分文不要。请进来罢！喂！"在你背后亦步亦趋，刺刺不休，必要跟随许多路。如果你始终抱定不睬主义，他才垂头丧气而去。这是一种什么顽意呢？就是他们拉皮条的副业。因为他在旅馆里执役薪水很少，全靠这种手段寻些外快，看见路过的人，无异财神爷爷光临，哪有不竭全力来做媒呢？呵呵！

还有各旅馆中的茶房，大都兼任临时月老的责任。客人到旅馆里去开房间，瞧你不带眷属，是个单身汉，他们就会撺掇你叫一个姑娘来顽顽。等到撮合成功，他们即在夜度资上得着一些扣头利益（扣头或三七，或二八，都无一定的），这也是一种茶房媒。

淌排、咸肉

"淌排"与"咸肉"，同为卖性妇女，有什么分别呢？因为"咸肉"是上庄（咸肉庄）去交易，"淌排"是随地撩人去苟合，名称虽异，实际则同。庄上花中，虽打扮得花枝招展，骚媚入骨，不免总带些咸肉臭（臭作毒字解）。

淌排者，如大河中的木排，淌来淌去，急色儿可随意去撩拨，很易落水（即两性接触之意）。至苟合地点，都借旅馆为泄欲之场，也有到他家里去狎玩，不过事实上是很少的。庄上的"咸肉"大都执有花捐照会，马路上和游戏场的"淌货"乃系私自鬻淫，此又两不相同的地方。

女招待

从前福州路神仙世界开幕时候，他们因为要吸引游客起见，特地雇用女招待（即女茶房）招呼游客。以后各游戏场，如乐园、天韵楼、小世界、新世界、新新花园等，瞧见神仙生意兴隆，也都辞退男堂倌，一律改雇女招待了。

不过女招待风行以后，而吃醋撚酸、轧姘打架的风流艳闻就此不断地发生着。各报社会新闻栏里，就加添了这一类的许多新闻。

女职员

十几年前，商店中雇用女职员，只有福州路一家"女子植权公司"完全是女性充店员，现在这家公司已经关闭多年。后来性博士张竞生所开之美的书店，也雇用一班年轻貌美、丰姿绰约的女性为伙友。到了目下，商号中雇用女职员的潮流已风起浪涌，如先施、永安、新新三大公司现都雇用女职员，以代男性，也有和男店员同柜的。其他如各银行、各公司的书记和打字，尤以女性为多。华人创办之南市公共汽车售票人，概用女子充任，至南京路之女子商业银行，顾名思义，当然以女子充行员了。

如此按摩

按摩院也是现在一种最流行的新事业。她们的广告说什么药水摩擦、电气摩擦，又什么健魄爽神、去风除湿，实则一究其内幕，完全是变相的娼寮罢了。按摩院的地点，以老靶子路、霞飞路两处最多（北四川路和爱多亚路也有）。又分土耳其派、俄国派、巴黎派、中国派等几种，中西混合的也有。她们按摩虽分两种，一为清，一为浊，清的只有摩擦，浊的即可销魂。但是她们对待主顾，都从"浊"字上面用功夫。

每次按摩费正项不过二三元，然却有种种开销（如药水费、电气费、草纸费，以及一切小帐），必溢出十元以外，还不能厌其所欲。结果必至既耗钱，又伤神，倒是在意料之中呢。

唉！她们所说的"健魄爽神""去风除湿"，可以改作"落魄失神""追风获湿"，却还名副其实。

也有几家专门在按摩上用功夫，禁止其他胡干的，未始没有，不过是少数而已。

女学生的丑业

海上的咸肉庄，现在已其多如鲫。"庄上花"（说来好听些的叫"庄上花"，不好听的就是"臭咸肉"）的来历，有姨太太，有尼姑、女伶，有野鸡、淌白，有甚么明星、皇后，除此之外，还有真正道地、矜贵非凡的女学生。女学生是未来的英雌，和主人婆自命，今也降格而入庄求沽，岂非笑谈吗？实则一经说穿，也很平常。原来在大学校里求学的女学生，她家庭的供给，每月多则数百块，少则数十元，在理足供她的生活，可是为了奢侈和浪费起见，实在不够需用，不得不寻些外快生意做做，于是就牺牲了皮肉去博取金钱，这就是她们读书之外的一种丑业。唉！文明越进步，都市越繁华，女子的人格与贞操问题，早已堕落到万丈深渊，不可救药了。

此是一种传来的风说，是否如此也不能证实。不过海上淫风夙炽，社会黑暗，以意度之，或有少数堕落之女学生浪干胡为，也不能完全说无。但愿有则改之，无则加勉，那真是学界的万幸了。

还有一种卖淫妇，她们故意仿效女学生的服装，冒名卖淫的也很多。

跳舞、歌舞

跳舞风尚盛于西欧，据说是男女交际上所必需，又为两性间结合的媒介，法国巴黎此风特盛。后来传至沪上，一般专学时髦的男女青年都趋之若鹜。五六年前的各游戏场、各大旅馆，都另辟跳舞场，供给摩登青年的需要，更雇了中西舞女以应市，欧式音乐以娱耳。跳舞的名目很多，有却尔斯登舞、华尔士舞、勃罗丝舞、探戈舞、狐步舞等。彼时此风最盛，每天晚上，各舞场中莫不舞侣济济，宣告客满。

更有投机家应时而兴，纷纷开设了什么跳舞学校、跳舞养成所、跳舞师范等，专教要学时髦、不懂舞术的青年们。到了目下，此跳而且舞之风已不及从前的发达了。

上面所述的跳舞是哑口的、不会唱的。后来又有一位人称艺术大家黎锦晖先生，发明了"歌舞"的调调儿，边舞边唱。又编撰几只《毛毛雨》《妹妹吾爱你》《哥哥吾爱他》等使人麻醉的歌曲，一时靡靡之音相习成风。而好学时髦、好出风头的几只女学校，特地聘好了歌舞教师，教导女学生专心练习，逢到开什么纪念会、什么筹款会，必大表演而特表演。那时的风气，几有无女不歌、无生不舞之概。

同时黎先生深庆吾道大行，不胜愉快，又在爱多亚路创办一只歌舞学校，招收年青貌美、善于作态的女子，教以"歌舞艺术"。并且他是竭力主张女子的肉体宜完全表露于外，他又说"裸舞"为西欧各国风行已久之艺术，非吾黎某所独创。于是女子登场歌舞，只穿了一双皮鞋，其他上身下体、两手两脚、小腿大膀，一概显露。等到民十七，才由市党部议决令饬禁止，黎先生才垂头丧气，偃旗息鼓，挟了爱女爱徒远走南洋，以出卖其"歌舞的艺术"了。

近来流行的梅花歌舞团、桃花歌舞团、联美歌舞团以及一切歌舞团体，到处献艺，提倡肉感，大得一部分观众的欢迎。惟是饮水思源，不得不首推黎先生的提倡首功呢。

神秘的北四川路

南自四川路桥，北至靶子场，一条很长很阔的北四川路，近年来市面兴旺，日增月盛，已有"第二南京路"（即公共租界大马路）之誉。又因此路除各种正当商业外，关于堕落一门的娼寮、赌窟、按摩院和一切不可思议的勾当，也都汇集在此，故又有"神秘的北四川路"之称。

邮政总局、各银行、各书局、各信托公司、各大药房、各百货商店，都属正当商业。还有膳宿方面的大旅社、菜酒馆、西餐馆、宵夜店、点心店，也很多很多。这几种商店间有通宵营业，夜不闭户，其热闹状况可见一斑。再有娱乐方面，有电影、粤剧、平剧、跳舞，统计起来也有多家。

堕落一门的妓馆，分粤妓、日妓、俄妓、秘密卖淫和专接外国嫖客的咸水妹。赌窟有花会总机关（现闻已迁）、铜宝台、轮盘牌九，而新发明的按摩院也有数家，形形色色，可说已集其大成，足够荡子淫娃徘徊其间，快活逍遥了。

最近闻有某菜馆中发明一种"行乐和菜"，专为浪子销魂而设。地点即在某菜馆中，外观如日本料理，湘帘低垂，音乐悠扬，加之菜香酒洌，闻之触鼻。虽只一间小小雅室，不料其中竟如桃花源之别有天地。座分普通、特别二种，光顾宾客人数不拘，惟特别室起码四人，可吃正式的酒菜，还可雀叙，作通宵的流连。醉饱以后，即有骚媚入骨的艳装少妇来作荐枕之举，代价虽贵，仍旧宾客如云，户限为穿。如此神秘，真神秘极了，诚不愧是一条"神秘的北四川路"。

虹口赌场

从前海上赌窟的范围最广和输赢最大的，要算虹口赌场为第一，地点在华、租交界之香烟桥相近。凡具盘龙癖和外埠慕名而来的都趋之若鹜，每天的输赢总有好几万块。场里赌具，只有摇摊一种（即用四颗骨骰摇出进门、出门、青龙、白虎）。民国以后，此项赌场渐归冷淡，现在久已销声匿迹了。

当时一班赌客，盛称虹口赌场很为公正，毫无弊病，并且赢了大数目，他们用马车、汽车将款派人送到，丝毫不少。但究竟怎样，可惜作者到沪已迟，没有实地去调查，也不能证明其实况。

撒尿菩萨

菩萨老爷是非常尊严的神道，怎么菩萨头上加上了"撒尿"两字呢，岂不大失敬而亵渎菩萨么？不过事实是怎样的？

小东门外洋行街口，有一座墙壁上的庙宇（即嵌墙庙），中间供了一尊菩萨。那庙宇的芳邻，确是一只尿坑，每天小便的人进进出出，不知其数。这位菩萨的香烟却很旺盛，一天到夜红烛齐燃，香烟缭绕，善男信女恭往拈香叩头，很多很多。不过邻近的小便生意太好，因之臭气和香气氤氲夹杂，经过其地，尝闻得一种又臭又香的异味罢了。

据说这位菩萨生前是一位嫖客，缠头一掷万金不惜，到了后来金尽衣敝，无颜回家，就在这里悬梁而死。死后，得过他金钱的诸娼妓追念菩萨鞠躬尽瘁，死而后已，不无悲悼，公同替他在墙角落里嵌造一只壁庙，以作纪念。现在一般时髦红倌人，每逢朔望，齐来烧香，她们说烧过了香，淫业必好。更有下等娼妓，倘使一天接不到嫖客，明天就来焚香默祷，说也奇怪，祷祝回去，嫖客就来上门。以故这位撒尿菩萨的香烟，迄今仍然生意兴隆，没有衰兆。

同性恋爱

男女相悦，名曰恋爱，恋爱到发生皮肉关系，已至恋爱终点。还有男和男、女和女之间也有发生恋爱者，两男相处名谓"鸡奸"，两女相处名谓"磨镜子"。这种事件，每年在报上社会新闻里可以常常瞧见的。不过男女相悦事很平常，男和男、女和女之间也有同性恋爱的发生，一言以断之，就是性欲上的变态罢了。

有人说，沪市淫风炽盛，以致发生性的变态，若在内地，终可少见。吾说，龙阳君、断袖癖古来已有，也不能独责上海一隅，不过比较上这类事件多些而已。

还有清季到民初时候，北方"玩相公""狎小旦"的风气盛极一时。玩者说道是独辟蹊径，迎者也自承谓一种丑业。去年沪上有男妓钟雪琴、罗美人辈，就是北方的相公一流。但是这个不能称谓〔为〕同性恋爱，只好称一声嫖兴所至，随便玩玩。租界当局因男妓有碍风化，早已严令禁止，故他们也不敢公然营业，大都如私娼般的暗中勾引兜搭。

上面说过，女和女相处名谓磨镜子。这个玩意，据说都发生在娼门之间，况一经接触，双方醋意很浓，就不许旁人染指，并不许谈恋说爱。她的面色必青白，她的眼睛必深陷，善观气色者一瞧就可以知道她们的所作所为。总之，也是一种性的变态。

花会狂

　　花会之害虽尽人皆知，但是知虽知了，陷溺者仍然触目皆是。此什么缘故？因为侥倖之心和贪得之念已成为普通的弊病，此所以到了现在，依然如狂潮般的泛滥而不可收拾了。

　　其他赌博只害及上、中两层社会，花会之害，毒入下层民众。因一物不知之佣仆和只有几只铜板的贫民，都踊跃加入做输赢。且明知有三十六门之多，难以打中，于是想入非非，求神拜鬼，祈梦祷佛，甚有露宿郊野、伴棺酣睡，以冀鬼神之指示，达发财的迷梦。更且愈输愈迷，愈迷而愈不醒悟，末了，家产破尽，债台高筑，无面见人，只有死路一条。

　　花会之唯一吸引力，一因中的后，一可得二十八倍之利益（如一块钱下注，打中了可得二十八块）；二因数目不论多少均可下注，且下注时不须出头露面，有航船（即花会掮客）按时到门来取。有此几种方便，故酿成此不可收拾之花会狂。

据说花会创自甬绍，今已毒流全国。小书摊上秘密出售之《致富全书》，即是学习打花会的门槛。可是这个高门槛实在不容易跨进，书中所载，尽是什么精、什么神、什么怪的一类妄言呓语，附有详梦指示，故有花会迷者，夜来得了一梦，必细细的照书研究，以博一胜。他们专在睡梦中求发财，财神爷爷有灵，也要退避三舍呢！

花会有大筒（即大厂）、听筒、航船之分，大筒是决胜的总机关；听筒是自己不开筒，依赖大筒的消息做输赢；航船赛过各业中的跑腿，专供奔走收发之职。

花会的花名，如有利、井利、志高、三槐、吉品、元吉、坤山、日山、万金、占魁、火官、九官、正顺、必得、只得、明珠、艮玉、茂林、天良、安士、扳桂、伏双、江祠、月宝、合同、太平、元贵、合海、青元、青云、汉云、光明、天申、荣生、逢春、上招等三十六门。每门中各有别名，如某属虎、某属牛、某属羊、某属丐、某属僧、某属尼，真是五花八门，荒诞至极。不过此区区七十二字，倘加以精密调查，每月不知要破坏几许人家，结果几许性命，输去几许金钱，妨害几许风化。唉，真是可叹！

华、租界当局对于禁止花会很为严厉，吾们在报纸上面常常可以瞧见的，如某花会被捉，某听筒被拘，某航船被捕。不但如此，公共租界每逢探捕检查（即抄把子）行人时候，倘使在身上抄出一张花会纸，就要拘解法院，依法惩办。禁令如此其严厉，可是这个大害仍旧未见得消灭和减轻。

据说三年前，有一位花会首领某甲，特地备了大香大烛，带了许多钞票，虔虔诚诚到普陀山去进香，并愿在菩萨面前有所捐助，不料老和尚对于某甲的巨款拒绝不收。后来逛到一处佛殿，瞥见偏殿旁高悬一大镜，上有"孽镜"两大字，镜面用黄绸密密遮蔽。某甲欲揭绸观看，僧不许，甲再三恳求，僧情不可却，才揭去黄绸细瞧之。镜上忽现出某甲全身，下面一群鬼魅，伸手齐向某甲索命；甲愁眉苦脸，惶骇万状，欲退不得，欲避无能。甲睹状惊悸仆地，经山僧竭力灌救才愈。某甲踉跄回家，就得病而死。此虽迹近神话，不足为训，然一念因果昭彰，天目如炬，也许有之。故作者仍附志于此，以示警惕。

游戏场之始祖

上海租界地方，从前向无游戏场。民国初元，黄楚九氏在南京路、浙江路、湖北路之间，建一高耸巍峨之屋顶游戏场，名曰"楼外楼"。下层开设戏馆（即前醒舞台、新舞台、竞舞台、天蟾舞台原址），正门适对南京路大道，极冠冕轩敞之致，用升降梯上下，进门设有凹凸镜数面。当时一般少见多怪的沪人，骤睹此高耸的屋顶花园和升降梯及凹凸镜，莫不诧为希罕，故游客趋之若鹜，营业很好。后来新世界、天外天、绣云天（即今之神仙世界）、大世界、劝业场（即今之小世界）、云外楼继续兴起，而老牌始祖之楼外楼反一蹶不振，关门停业（今汉口路之天外天、民国路之云外楼也早已闭歇了，新世界南部已改为旅馆，仅存北部，也时开时停）。

小客栈写真记

租界上的小客栈，以爱多亚路、民国路、满庭坊三处最多，不过比较起来，满庭坊的小客栈历史最久，数量也最多。它的内部组织却很简单，大都雇一茶役、一老妈子、一帐房而已。它的房铺种数倒有多种，如高铺咧，帐铺咧，搁铺咧，单房间咧，双房间咧，统房间咧。它的名称仍旧和几十年前仿佛，概称某某栈，而且招牌上某某两字较小，一个栈字写得很大。但是现在新开的也有改称某某旅馆了。

至小客栈的主顾，除掉起码雌雄党（即一男一女同往泄欲者）和茶役拉皮条的临时野鸳鸯外，以白相人及做小贩的或穷无所归的做它底唯一老主顾。其他富商大贾、哥儿姐儿，向来是绝迹不往这种小客栈去投宿。

还有一种最奇的怪现状，就是同栈的客人们，一见了面，不呼姓名，均呼籍贯。倘使你是年青的杭州人，大家均尊一声"小杭州"；你是广东人，大家又尊一声"小广东"。这"小杭州""小广东"，就算是客人的姓名了。倘使年老一些，他们就改叫你"老杭州"和"老广东"呢。其他如绍兴人、湖北人、宁波人、松江人、南京人，他们叫唤起来，一概以籍贯代替姓名，这不是奇特的怪现状么？

客栈名称之变易

从前海上的大小逆旅，都一律称为客栈（专便利过路客人住宿之意），大者如洋泾浜上的"全安泰""安全发"，公馆马路的"名利"等都是。且这种大栈房设备很简单，客人去借住，概须自备被褥。现在则大大不同了，新开办的都已改称某某旅馆或某某旅社，也有称作饭店的。设备方面，不但华丽精致，而且应有尽有。不过资格最老的全安泰、安名利数家，仍旧保存着三十年前的"栈"字当招牌呢！

打弹子

吃上了（上瘾）鸦片烟，已为堕落废民；今除吃烟外，还加上一项打弹子（即吃红珠子、吃红丸的别名）。譬如每天吃二块钱烟的人，只要打二毛钱弹子就可过瘾。且打弹子的家伙又很简单，只消一支起码毛竹枪、一盏夜壶灯、一根铁扦，即可打了。弹子则现成去买的，买来就可吃，没有鸦片烟熬煎之烦，手续很便，耗费又省，故此一般废民都乐而打之了。但是打弹子这个顽意起初很省俭，到了后来天天要继长增高，从前打二毛钱的弹子，现在非打三四块钱不能过瘾了。倘使少打一些就觉着遍体不舒服，于是越打越多，越吃越大，到了那时，从新要想改吸鸦片也有所不能。至打弹子的意思，因吸食的人横躺了身体，用一根铁扦戳上一颗红珠子，对准烟灯稍微拨一拨，就能吱吱呼吸，名曰打弹子，殆取义于此。

发售红珠子的人，美其名曰枪上戒烟丸。据说这张制合红珠子的毒方由矮国传来，珠子的原料共有十几样，如海绿英、高根、面粉、糖浆等物。海绿英和高根为著名毒品，故吃了几年红珠子，能使毒入脏腑，敲骨吸髓而毙命，一天发作，只有呻吟而死，没法可救，其害比较鸦片烟还不止十倍。

现在内地各处的烟民，因为吃红珠子比吸烟来得便当，都改吸了红珠子，至日后的大害，他们不遑计及。饮鸩止渴，无以过之。红珠子的制造地是以上海为大本营，而内地的大码头也有制造者。此害不除，吾炎黄子孙不待异族来灭亡，自己就会慢慢的亡国灭种而有余。

戳药水

鸦片烟的代用品，除了红丸以外，还有戳药水和吃白面两种。今先述戳药水的内幕。

其法以少许白粉（即吗啡）用水浸之，灌入一支有机括的尖针，对准烟民皮肤穴孔，将粉汁轻轻射入。霎那间，能使垂头丧气、呵欠连连者，骨骼顿时松快，精神顿时充足，另外变了一副面目。且手续简单而便当，药性又灵又快，不论怎样脱瘾难过，只要戳下一针，就可恢复常态。起初戳时，和吃红丸一样，譬如每天吸两块钱的鸦片烟，只须耗费二三毛的药水费已尽够而有余。不料日积月累，逐步加增起来，一二年后之打针代价，必要超过以前吸烟的所费，届时已欲罢不能、欲绝不可了。

去年冬天，作者到菜市街自来火街左近去看一个朋友，因为夜色迷蒙，误入一家代人戳药水的地方。屋内一灯如豆，半明半灭，两旁长凳上坐了二十多人，有衣衫褴褛者，有衣冠楚楚者，各各袒胸露臂，垂头丧气的以待打针，况且各人的皮肤上都红肿腐烂，臭气四溢，不可向迩。又见一口衔纸烟、手持针器之人，往来踥蹀，做他的打针工作。俄而有一摩登少妇，衣服华丽，身披狐裘斗篷，姗姗而至，也坐在长凳上待打。某烟民道："像你太太，尽可在府上吸烟享福，何必要来打针呢？"少妇嗫嚅道："戳上了药水，虽吸食大土清膏也不能过瘾，故不远而来打它一针，以求畅快。"

戳药水戳了几年，将来必至四肢腐烂，毒发而死，其害之酷烈，比较洪水猛兽还要超过百倍。

吃白面

什么叫白面？就是毒物吗啡，因它颜色雪白，细如粉末，和普通当食品的面粉差不多，个中人呼以白面，作为暗号。吃这毒物最盛的地方，第一要算山西，次者若北平，若天津。山西全省，每年只吗啡一项，要消耗到六千万元的金钱，如此大漏卮，实在骇人听闻。这个东西都从矮国运来，在华北以天津日租界为贩卖大本营，再陆续运到晋、绥、察各省去。山西地方，不但黑籍中人嗜食若命，即正当商人、学校学生，向无烟瘾者，每逢客到，也用此物奉客以表其尊敬。吸食白面，比较吃红丸更为简便，只用卷烟一支，捣之结实，将吗啡少许放入卷烟头内，以火燃之，即可呼吸。初吸时脑胀欲裂，吸惯后才觉精神一振，常吸不断即能成瘾，久久且能毒入骨髓，腐烂而死。

在南方的贩卖机关，以上海为大本营，矮人施其偷天换日的本领，拚命运来以害华人。至毒物的去路，大部分用以制红丸、戳药水两项最广，而旅沪之北方瘾君子，也有食此以代鸦片烟者。

唉！鸦片烟之毒还无法消灭，今又加入吗啡之毒，真是一毒未除，一毒又来。推原其祸，虽系不争气的华人自取其咎，也是受矮人所赐。他们要灭亡吾民族，才千方百计的一大批一大批的运到吾国来，名称上说是做生意，其实他的存心，要假此毒物以杀尽吾华人方肯罢休。

出卖笼头水

在那街头巷尾间，有人手里拎了一只蒲包，叫喊着"买笼头渣""笼头渣有吗"的声浪，是常常可以听见的。究竟这个笼头渣是什么东西？原来是吃鸦片人煎烧好了烟膏，余剩下来的渣屑，名叫笼头渣。他们收去后，再卖到笼头水店铺里，经过一回很简单的泡制，就变成笼头水了。出卖笼头水的店铺多开设在磨坊街上，水的定价是四只铜圆一中碗，六只铜圆一大碗。一天到晚到那边去买笼头水吃的人，着实不少。笼头水店里的常年主顾，最多数要算拉黄包车的仁兄，其次是穷小贩。拉车子人很多挂名黑籍，他们的生活全靠两脚奔波。他们赚钱又不多，要想吃烟吃不起，不吃就两脚没力，不能拉车，不得已而求其次，只好吃些笼头水以代替。常有烟瘾大的车夫，奔跑得上气不接下气，臭汗直淌，面色翻白，到了笼头水店里吃了几碗，就会臭汗立止，恢复原状，而且精神百倍，两脚有力了。

　　有一天，作者走过磨坊街笼头水店门口，瞧见一个烟容满面、神气颓丧的车夫，一口气咽嘟咽嘟连吃了四大碗的笼头水，好像越吃越有味，他的精神登时恢复起来。不过这种吃法，赛如牛饮，倒是难得瞧见呢。

南市新舞台

三十年前的上海戏馆，概称茶园（如丹桂茶园、春仙茶园、群仙茶园等）。戏台是方式的，正厅上也用方桌和靠背小椅排列。到了民国初年，此等旧式戏馆才逐渐淘汰尽净，到如今脑海中只留一印象了。

清朝宣统初年，老伶工夏月珊、夏月润、潘月樵、冯子和与沪南绅士等，在十六铺南里马路发起开明公司，建筑可以旋转的新式舞台，取名"新舞台"。台系椭圆式，一切装置纯从欧化。起初数年营业很佳，等到癸丑（民国二年）二次革命一役，因为军事的关系，营业一落千丈。继而停锣歇鼓，另在九亩地地方重建一台，仍名新舞台，开演不满一年，复毁于火，损失很大。但夏氏昆仲并不灰心，再接再厉，作第三次之建筑。开演十载，还称顺利，后因月珊病故，又因种种关系，由开明公司各董事议决拆除舞台，改建市房。今人行过九亩地，已无高耸宏伟之新舞台了。海上戏馆由旧式茶园改筑新式舞台，要算南市新舞台为最早，有新式舞台，然后有像真背景和魔术机关。今各舞台盛行的机关背景，也算新舞台为最先发明。

蟾宫折桂

从前梨园行中，有"三卿"者最有势力：一为大舞台之童子卿，二为丹桂第一台之尤鸿卿，三为天蟾舞台之许少卿。今都改行的改行，病故的病故了。

当初许、尤两君，本合组丹桂第一台，后来因彼此发生意见，不能共事，许少卿乃脱离关系，在二马路醒舞台旧址，组织天蟾舞台。初开幕时候，一般人都莫知其题名之妙，实则隐示蟾宫折桂、打倒丹桂之意思。蟾宫折桂四字，本科举时代秀才中举人的典故，今因同业竞争之故，也袭此遗意，取了戏园的名称，可谓讽刺深刻，极咒诅之能事。

真刀真枪的创始人

十五年以前，伶人周咏棠（即"四盏灯"）在二马路醒舞台旧址开设一家迎仙舞台，聘了一位文武须生何月山。登台不多几天，就大红特红起来，从二百块钱一月的包银涨到一千以外，何月山也因此享了四五年的大名。

他享名的原因有二：第一，他肯拚命卖力；第二，因发明了真刀真枪，在台上大打其花样。如《塔子沟》、三本

《铁公鸡》一路的跌打戏，都用真家伙上台，雪亮的刀枪戈矛，武行之敏捷对摔，能使一部分观客目眩叫奇，赞叹不置〔止〕。

其实做戏原是假的，故以扬鞭作马，叠桌为城。如果用真家伙上台，却是假戏真做了，和"戏"的意义已离题千丈。故当时一般评剧家纷纷訾议，都说道是不应当的。

共舞台之男女合演

海上男女伶人的界限，从前各有分别，演起戏来也不相混合。十几年前，周咏棠（即"四盏灯"）和妻"媚香楼"接租共舞台后，仿平津办法，首先创办男女合演，伶界风气为之一变，此只法租界一隅而已。又过了几年，英租界及华界各戏园、各游戏场，也都接踵而起，一律实行男女合演。又英租界戏园之男女合演，要推顾竹轩开设之天蟾舞台为倡始哩。

女伶封王

七八年前的女伶，唱戏唱来红了，就有捧角朋友和你出张特刊和"封亲王"的把戏，如小香红封她"香艳亲王"，琴雪芳封她"琴艳亲王"，粉菊花封她"粉艳亲王"，张文艳封她"文艳亲王"等等。到了"封王"那天，必会齐了一班捧角同志，替她送镜架、银盾、联幛之类，并群赴戏园捧场，以昭诚敬。直至革命军到沪以后，这种无意识的把戏（捧角同志也许认为很有意识呢）才告绝迹。不过他们捧女伶捧到三十三天以上，究竟是尊重她的艺术呢，还是醉翁之意另有目的呢？老于世故者定能明了他们的用意吧。

开房间

现在新兴起的大旅社与大饭店，他们唯一的主顾，并不是专靠外埠来的旅客，反依赖本埠的一班写意朋友为他们主要的主顾。因写意朋友为娱乐消遣起见，常常呼朋引类，往大旅社去开房间，赌赌输赢，叫叫堂唱，吸吸鸦片，喝喝美酒，无忧无虑，何等写意！更有偕同心爱人以旅社权作楚阳台者，也很多很多。房金虽贵，耗费虽巨，他们决不吝惜，只要求身体上的舒服和快活罢了。

大旅社的设备冠冕堂皇，清洁美丽，物质上的布置又很周到。每间有电话可以秘密与人接谈，夏天有电扇，冬天有水汀，洗浴洗脸又有冷热龙头，上下更有电梯，大便有欧式坐桶，小便有新式尿池，其他如赌的、嫖的、吸的、喝的、食的、舞的、顽的，也靡不一应俱全，听凭写意朋友随意选择。

开房间，有打公司合开的，有独开的，有长期的，有短期的。打公司开的，无非一时兴起，玩玩而已；独开的，都主重发泄性欲一路；长期的，有阔客以旅社作外舍，优哉游哉，随意逍遥，有商人以旅社充市场，为接洽谈话机关；短期的当中，却有外埠过路旅客夹杂其间呢。

大旅社、大饭店

从前海上的新式大旅社，只有"三东一品"（即大东、东亚、远东、一品香四家）。不意从民十七到现在止，开设大旅馆者竟接踵而起，连绵不绝。东面建造一所大房子是开旅社的，西面兴筑一所大高楼也是开旅社的，其他南面是如此，北面也是如此。一般资本家的眼光，大家集注在大旅社三字上，自忖欲发大财，非此不可。但是说也奇怪，每开一家大旅社，只消先行交易，还未择吉开张，而男女来宾已蜂拥而至，数百个大小房间都预定一空，生意之发达实出意料之外。莫怪旅社各老板镇日价眉开眼笑，皆大欢喜。

现在新开的大旅社，都不名旅社而称饭店，像爵禄、东方、中央、大中华、大上海、大江南、南京、大沪等，还有已经拆去旧屋正在兴工建筑中的，也有几家。大约在最近一二年间而层楼高耸、设备欧化之大饭店，必有多家开张呢。还有完全西商开办的华懋、沧洲、别克登、礼查等大饭店，也有好几家。

兜喜神方

到了废历元旦那天，一班富家翁、阔青年，都挟了娇妻美妾或娼寮艳妓，同坐汽车，在清晨之间向四郊驰骋一周，名叫"兜喜神方"。他们以为这么一来，晦气星退走，富贵星进门了。这种含有神秘而迷信的妄行，处此科学昌明时代，实在是不应该的。也有明知其谬妄，因欲求取妻妾娼妓的欢心起见，也不得不奉命一兜，真是可笑。

兜圈子

有一种是初到上海的乡下人，往往走错了路径，不能回到寓处。譬如在四马路、云南路转角上大叫黄包车，说道要到四马路跑马厅去。狡狯的车夫瞧了他这一副曲形曲状，知道他是初次来沪的乡老儿，有意戏弄他，讨价二毛车钱。乡下人心里已急极了，一声不响就跨上车子，催他快走。车夫特特地地兜了一个大圈子，然后拉到跑马厅去。其实四马路、云南路转角到四马路跑马厅只有十多间店面，瞧也瞧得见，何必要雇车子呢？因为乡下人不识路径，就吃了苦头，上了车夫的大当。

兜　风

有产阶级的阔人，到了夏天，登在家里不耐烦，到了晚上，每每携同娇妻美妾或娼寮中的时髦妓女，坐了汽车，风驰电掣般驶往四郊去白相一回，名叫兜风。

其实既为阔人，家中必有高大华丽的房子、亭台楼阁的花园，又有各样消暑用品和食品，躲在家里尽可却暑纳凉，为什么还要心不知足的出来兜风？其实他们的兜风并不是真要纳凉，不过出出锋头，取悦异性罢了。

浴室堂倌

海上各浴室的仆役（俗呼堂倌），概以镇江、扬州、丹阳三处人民充任，至浙江余姚人充任者，只有麦家圈双凤园、九江路又日新、福建路尚洁庐三家。

擦背、扦脚、剪发三项，为浴室中常备的工役。顾此三项工役的籍贯而论，计分三处，一扬州帮，二丹阳帮，三句容帮。以人数多寡言，扬帮最多，丹阳帮次之，句容帮最少。

女浴室

上海滩上的风气，色色都能争先，惟是女浴室的开设，远不如平津之盛，到如今只有浙江路一家龙泉家庭女子浴室。该浴室开设迄今，不过六七年光景。龙泉下面是龙园盆汤，女浴室的主人就是龙园的老板。楼上是女子洗澡，楼下是男子洗浴，彼此虽仅一楼之隔，而界限森严，绝不相混。

龙泉的布置、设备都和男浴室相同，帐房、堂倌以及扦脚、擦背都是女性担任。至于浴客，以窑姑娘与淌小姐为多。现在的大旅社均设置西式浴盆，故公馆太太、摩登女郎开房间洗澡的很多，以故女浴室的生意不能算十分发达，倘使再创一家，恐不能支持下去。否则，上海的商人惯会投机，哪肯不继起而开设呢？

擦　背

浴室中从前雇好一班工役，代客擦洗背部，名叫擦背。因为背在后面，浴客自己擦洗很不方便，才立此名目，替人擦洗。但是现在擦背都擦全身了，一因工役殷勤奉承，希望多得些代价；二因浴客多贪懒，乐得听其所为，只要写意，哪惜小费？不过这名称，目下仍旧名"擦背"，不名"擦身"，已是相沿成风，不可骤改了。

清水盆汤

各老虎灶茶馆，每年到了夏季，必兼营"清水盆汤"的生意，十家倒有九家是如此。他们的设备很简单，只安置了二三只木质浴盆，并支布作幔以遮隔之，门口挂了一盏"清水盆汤"的油纸灯笼以为招牌，这几种简单的东西就可以涤污洗垢了。因它取费很廉，故下层民众和一般经济朋友都欢喜浴之。不过清水盆汤的生意只有夏季二三个月，一交秋令，他们就撤除器具，停止营业。

模特儿

　　七八年前，美术专门学校校长刘海粟氏，因欲研究艺术上曲线美起见，特地雇了许多妇女，天天精赤条条、一丝不挂的站在教室中，供给学生实地描写，名曰模特儿。刘先生说，这是东西各国久已风行过，并非刘某独创者。但是抱旧思想的，仍旧掩耳却走，目为怪物，即同道中也多非议。刘先生自思因提倡艺术之故，平空得了许多讥笑的舆论，特自号"艺术叛徒"，以示与大众思想不同的表征。

　　更闻北平各校，有临时雇用男丐充模特儿，代价比较雇用女子尤廉。他们说："女子有曲线美，难道男子没有吗？"这叫做南北相对，无独有偶。

曲线美

现在最摩登的新女子，衣服尺寸越窄小越美观。到了夏秋，只穿了一袭薄薄的短旗袍，袖口又短，不但露臂，竟是露肘，把她一双臂肉完全显露。又穿短裤和肉色丝袜，骤见之，两腿膀几与双臂一样，走起路来扭扭捏捏，她的尊臀也一耸一凸的。总之这种形状，如叫思想陈腐的人瞧了，莫不叱为怪物；在轧时髦人见之，愈赞美她的全部曲线美的丰富了。

龟头套

相传这件东西，从前宝善街一带的天津杂货店铺都有出售，不过去买它，须将隐名叫出，才可以如愿以偿。这个东西的用场与春药相仿佛，与风流如意袋不同。不过春药是吃的，这东西套在生殖器上面，作驰驱欢场、蹂躏女性的利器。昔闻著名淫伶和拆白党惯用此物以惑人，因此污人节操、离人骨肉、拆人金钱、伤人生命已不在少数，如以《金瓶梅》上西门庆用的银托子相比，似与这件东西有同等的罪恶。

泥制春戏

泥制玩具盛行于无锡，天津也很著名，并有秘制春戏出售，从前广东路一带的天津杂货店都有售卖。不过你欲去买一具玩玩，须叫得出隐名（和买龟头套相同），才可如愿以偿，否则拒绝不卖或推说没有。这和某寿具铺出卖"角先生"，是同一的规例。

角先生

"角先生"为闺中秘物，除中国自制外，而日本每年输入之品也很多。从前开设春药的小药房都有出售，并美其名曰女用愉快机，其实就是此物。惟这种东西，在法律方面看来那是违禁品，故禁令森严，不敢公然出卖。又闻某某几家寿衣店铺也有出售，前去买时须叫出隐名曰"乐举高升"，才可以买到。不过寿衣店里出卖角先生，也算是想入非非、生面别开了。

天妃宫

北河南路铁大桥堍有天妃宫（又叫天后宫），额曰"湄洲圣母"，据说为从前航海中人集资建筑。进门为广场，再进为戏台和两旁看楼，三进为大殿，中供神龛，后有寝宫楼。从前每逢朔望及圣母诞日，一班善男信女诚惶诚恐地前往拈香，肩摩毂击，户限为穿。又相传轮舶在海洋中，逢到巨风大浪，圣母尝显灵保护，以故航海中人更笃信不渝。常州盛宣怀氏也有一副长联挂在大殿之上，旁有跋语，演述圣母显灵事迹，历历如绘。平时之广场上及戏台下，俱为江湖医生和各小贩及卖艺人丛集地点，叫嚣喧哗，十分闹热，因此铁大桥又名天妃宫桥。宫内由羽士住持，既有香金，又得各贩租费，双倍进账，其数着实不少。

后来款产处探悉天妃宫属于公家产业，理应收回，不能听住持老道鹊巢鸠占，享尽不劳而获之大利，初将一切江湖医生、小贩、卖艺驱逐出宫，不许逗留，只将大殿暂行保留。收回之后，改设县立第二高小学校，以戏台充教室，看楼作应接室和休息室。革命后，区党部也在看楼上为办公地点。至民十七，由党部议决实行驱逐羽士、焚毁偶像后，才算完全收回。现在房屋依旧，内容全非，广场上的两根旗杆也已卸下，刻下所存者，只门口"湄洲圣母"的一块横额而已。

查该庙系清光绪九年筑成，圣母系福建莆田县林氏女，父名愿，母王氏，生于宋建隆元年三月二十三日，至雍熙四年九月九日升化。

南石路与北石路

郑家木桥起直到老闸桥为止，约有一里多路，总称石路，又分别从南京路朝南称南石路，南京路朝北称北石路。这路的名称，在那二十年前，此路统用小石子砌筑而成，故名石路。自从行驶了无轨电车，将石子路一律改造柏油水门汀后，已名同而实不同，不过人们早已说惯石路，只得仍旧称它石路罢了。从前南石路两旁，到了晚上为各旧货小贩丛聚之地，百货杂陈，叫卖兜搭，嘈杂不堪，现在这种旧货摊早已没有看见了。

剪发留发

从民十六革命军到达上海后，一般妇女因潮流所趋，群以剪去发髻为时髦，不论老的少的、媸的妍的，大半均剪除为快，留髻的不过少数而已。那时的景况，宛如民初男子剪发相同，剃头店也加添了一笔好生意，因为剪去发髻后，须常常到剃头店去修发呢。初剪的时候，大都剪得精光，像剥光鸡蛋式。后来又慢慢地将脑后发留起来，或二三寸，或四五寸不等，剥光鸡蛋式一变为鸭屁股式了，此种留发已为目下最普通的。还有一种摩登化妇女，竟留长至七八寸或尺余，中间分开，梳成两根小辫，也有散披在两肩膀上，形形式式，可谓无奇不有。不料一发之细，却也有如此的变化。

中委张溥泉（继）先生前在北平，对于妇女脑后披发最为痛恨，有"打倒披发鬼"的口号。不过口号是口号，披发是披发，这种主张可谓一点效力都没有。

梳头佣

妇人发髻，除少数自理外，大多数都叫走梳头女佣代梳，或天天来，或隔日来，均无不可。工资最普通的每月两元（有三元者，也有一元者），她们能有十多户头，即可依此为生活。而真正的阔绰大户人家则有雇定的梳头女佣，不需走梳头的了。

还有一种可恶的梳头女佣，以梳头为名义，到处穿房入户，鼠窃狗偷，也有勾引人家妇女为非作歹，亦数见不鲜。不过现在潮流，妇女大半截去发髻，梳头女佣的营业已日就衰落，不如从前的发达。

大裤管与小裤管

关于男女衣着上式样的变化，至今日而已极，像宽大变窄小，窄小变宽大，变来变去，不知要变到几时才休。现在且讲男子的裤脚管。

在十几年前，男裤子的脚管以窄小为时髦，且另外用缎带扎牢。后来这用带扎的小裤管一变而为大裤管，而扎带一层也就废去。最近几年又由大而小，仍用带扎住，不过从前是用缎带，现在则用裤子本质做扎带，且缝在裤上，较之以前另用缎带更为便利了。平心而论，冬天时候宜用小裤管，用带扎之，如在夏秋两季，用大裤管来得便当呢！

画　眉

　　妇女画眉毛之风由来已久，并且从前有位张敞，曾经替他夫人画过眉，已成为千古韵事，为研究爱情者所称羡。现在且讲目下。当那十几年前，妇女眉毛愈粗愈美观，两头有棱角，虽不及舞台上唱旦的眉毛那般粗，可是也相去不远了。至最近数年间，妇女画眉毛愈细长愈摩登，且大都将天然的眉毛剃得精光，然后画成细细一条，这是目下最时髦的画眉毛。

耳　环

　　妇女耳环的式样，在古代时本来越长越美，而且环上缀的东西又多，走起路来玎珰有声。后来这种很长的耳环子大家认为不便当，就逐渐改短至圈式了。到了近年，女校中的学生以环子无甚意义，短短的耳圈也索性不穿戴。不过现下摩登式的妇女和娼门中的红倌人，又盛行长式的耳环子，环上又缀了许多五颜六色的东西，像多宝之串，她们以为美观，其实是复古罢了。

染　指

　　现在的摩登妇女，除嘴唇染得红红外，还有纤纤十指也染得绯红，以示她的时髦。但染指风气不自今日始，从前的妇女也有染者，不过彼时都将凤仙花瓣捣汁染上，不费分文。现在的染指颜色，用一种舶来品的油质，在金钱上面又多增若干的漏卮了。

硬领头

　　女子衣领用硬领头，在二十年前已风行过了。那时候领头越高越时髦，冬天衣领竟有长至七八寸以上，不但颈项完全隐没，连半爿脸孔也被遮住。后来高领头变为低领头，在某一时间内更风行一种无领之衣。

　　到了现在，女衣领又慢慢的加高起来，虽没有像从前有七八寸的高度，最时髦的也有三四寸了。且夏天所着薄如蝉翼的单衣，其衣领又高又硬，烫得笔挺，着在身上，颈项动也不能动弹，和清季时代犯人带枷差不少。

　　不但女子如此，摩登式的青年也欢喜用高而硬的领头，越高越摩登，越硬越时髦。旁人看了替它难过，而摩登青年反洋洋自得，丝毫不以为苦。

合　会

　　凡中下层民众，不能无缓急，有了缓急，因一时周转不灵，得不到现款，于是有合会之举，仰求亲友帮忙，以助其成。说到合会性质，据作者所知，（一）摇会、（二）八仙会、（三）标会、（四）单刀会等四种。摇会或一个月一次，或二个月、三个月一次。每次到达会期，由首会人召集各会脚，用六颗骨骰摇之，点多者得会。八仙会则不用骰子，起始由首会人派定某人何时收会，依次挨收，至各会脚收完为止。标会则到期时，由各会脚投以标注，标多者得会。单刀会的各会脚，只交一次会银，以后由首会拈阄拔还。

　　上海滩上摇会最多，至一会数目从数十元起到数千元为止，各视首会人的身价和需要而定。每逢会期，都借茶馆为集合地点。八仙会则内地很多，沪上较少。标会含有投机性质，往往无结果，沪谚有"十标九散"之谣，即十个标会有九个半途解散，不能圆满结果（标会中分统标、挨总标等区别，挨总标较为可靠）。至单刀会，只交一次会费，故曰单刀，全以挨情求面请人帮忙，最为合会中之下乘。

抢油主

每逢新开店铺的第一天，俗有"抢油主"之风。什么叫做抢油主？就是这天一窝蜂去买便宜货。因为新开店铺要号召主顾起见，将各货廉价发售，故已成为相沿之风气。新开第一天的早晨，店门未开，必有许多主顾一窝蜂的走来，人声喧闹，争先恐后，男女杂沓，拥挤非常。他们的来意，异口同声的说道："抢油主！""抢油主！"不论什么食的用的、穿的戴的各种商店，到那第一天开张，必有这种热闹状况，且店铺的场面越大，抢油主的更为踊跃，都道这爿店铺大，资本厚，必定肯牺牲多量血本，举行只此一遭的蚀本生意。

今年春天，南市新开一爿糟坊，门口贴出一条黑字红纸，大书"本号择定某月某日开张"，更使人扬言道，恐开张那天主顾拥挤，有招待不周之处，先出卖油票。譬如市价每块钱只可买油五斤者，它特放盘二斤，可得七斤。于是一传十，十传百，大家争先恐后去买票，两三天之间，卖出油票六千多张。等到开张那天，大家持票前去取油，不料走到这爿宝店门前，依然双门紧闭，先前贴出的开张红纸条也不见了，碰碰门，又毫无声息。大家疑惑起来，群往警署，控告它诈欺之罪。后来署长派员去将店门启开，瞧见屋内只有空油篓数十只，桌凳几件，别无他物。骗子已挟款潜逃，踪影全无。这一幕空城计很觉得滑稽之至，而一般贪便宜人要想抢着油主，结果吃不到什么便宜油，反被骗子骗了油价去，世之好塌便宜者，应以此为戒。

米蛀虫与地鳖虫

吃米饭的朋友和买卖地产的朋友，沪人均戏呼他们为"米蛀虫"和"地鳖虫"。这种诨号加在他们的身上，也有缘故。因为厕身米店或米行的老板伙计和贩售地皮的捐客，他们门槛极精，信息也很灵通，物价的消长，市面的变迁，他们都能烂熟胸中，做起买卖来，口中说得天花乱坠、面面俱到，到了后来，他必利益倍蓰，腰包充盈。

滑稽公司

按照现在商业公司的名称，只有无限公司、有限公司和两合公司数种，其他像个人经营和二三私人集资合办的，概不得称为公司。可鄙沪上一部分的商人，毫无常识，往往有独资经营、范围极小的商店，也挂起公司牌子来，自谓称了公司，就可以荣耀万分，岂不可笑？近来菜市街上新开一爿小卖店，居然也高挂"粽子公司"。甚至卖五香豆的朋友，他那只盛豆的篮子，也悬着小小铜牌一方，上面刻了"天香公司"四字。这种公司，不但取得岂有此理，而且觉得滑稽之极了。

狂潮之一瞥

上海滩上每逢产生一种新事业，只消时髦些、发达些，就会有人跟着学步，如潮水一般的蜂涌起来。有人说，因为上海人富于一窝蜂的天性；也有人说，上海地近大海，天天饮足了含有潮水性的自来水，故一窝蜂的性质已成为上海人底第二天性了。

最近的，在清季发生过一回橡皮股票潮，人民国后，最大的是交易所潮，其他如话剧潮、卷烟潮、牙粉潮、画报潮、横报潮、模特儿潮等等，潮来潮去，已牺牲了许多金钱和许多生命。

最近的电影潮和武侠小说潮，还在继续产生，方兴未艾。唉，上海的狂潮！

摩登化

现下上海所谓一般新时代的女子，她必穿了短旗袍（也有着短大衣的），着了高跟皮鞋和肉色丝袜，烫了水波式的头发，画了笔直细长的眉毛，面涂了浓厚的脂粉，唇涂了血色的口红，着了短裤，挟了皮包。这是一种什么装束？即她们竭力仿效的摩登化，也是现代最时髦、最从新的装束。"摩登"是外国译音，就是新式而有次序的女子。吾说她们力摹摩登化，已有七八分相像。可惜两乳不高耸，头发不金黄，鼻子不高大，眼睛不深陷，和真正道地的外国摩登女子相形之下，还差一些，也是她们的遗憾。

鸡叫做到鬼叫

闸北之青云桥、谈家桥、天通庵桥一带地方，为丝厂、绸厂、布厂最多之地。该处地近荒郊，又为各殡舍和义冢坟集中之处。各厂规定的作工时间，每天清晨四点半，天没明亮，即须到厂工作，直到下午六点半才放工休息，每天工作在十三小时以上。工资是"一·二八"后，因各厂业务清淡，都一律减发，向系六角者现发四角，四角者现发三角，而各女工依然纷至沓来，大有人多工少之慨。

在夜色苍茫间，各女工从厂中回来，手里拎着食器小篮，向人苦笑道："鸡叫做到鬼叫。"这一类叹息的话，吾人如从她们身畔走过，可以常常听得到的（按天没明亮，正鸡声喔喔时，她们已经进厂工作了；秋冬日短，到了六点钟已满天昏黑，野坟丛墓间磷光闪烁，虫声唧唧，故有"鸡叫做到鬼叫"之叹）。

张竞生的《性史》

民十五，国立北京大学教授张竞生氏，忽编辑了一本《性史》小册子，专演述男女两性间的接触事。封面刊着"北京优种社"出版，书底不刊版权，连头带尾共只十篇文字，用三十二开纸印刷，不过六十张而已，定价一元，实售八角。出版不多时，竟能哄动一时，购书人不以为价昂。叠次再版，共印了五万多册，一概卖完。后来要买《性史》的人，居然有钱没处买，竟至辗转访求，或者登报征觅的也很多，其吸引力的伟大，可想而知了。这本书开首即说"天下第一乐事，莫过于雪夜闭门读禁书"两句，又他序文前段引用怪杰金圣叹批《西厢》的口气说，"这部《性史》不是淫书，若有人说他是淫书，此人后日定堕拔舌地狱"等一篇大道理。后来这本小册子畅销了，旁观的瞧得眼红起来，就此你出版一册《新诗》(谐《性史》)，他发行一本《性艺》，最盛时代，这类书籍倒有十几种之多。后来当局一声令下，谕饬查禁，才风流云散，不敢公然出卖。

张先生本是一位大学教授，又是哲学博士，不去研究教育和哲学，却平空地去推阐"性"学。他的思想行为和寻常人划然不同，故社会上群呼张博士为"怪博士"。

烧头香

目下虽说是色色维新的时代，可是烧香拜佛的迷信却还不能革除，逢到什么菩萨诞日和废历朔望，一班善男信女到各庙去烧香拜佛，还是很多。南京路的保安司徒庙(俗呼虹庙)、城内的城隍庙、铁大桥堍下的天妃宫，这三处的烧香人最多(现下天妃宫已改作党部和学校，羽士已逐出，偶像也焚毁，这一处的香烟早已绝迹)。

到了废历元旦，又有所谓烧头香的可笑举动。什么叫烧头香呢? 就是这天第一人跨进庙内去拈香膜拜。他们以为烧着了头香，菩萨老爷必鉴其虔诚，大施福泽，这一年定卜有发财降福的希望。后来烧头香求福泽的人越弄越多，你也抢先，他也提早，竟有到除夕晚上九十点钟光景，他们已经去烧香。头香烧着了，必欢天喜地的回来，可以过它一年做梦似的快活光阴。

燕子窠命名之释义

现在华、租各界，私卖灯吃、供人吸烟之处，名曰燕子窠。这三个字的意义，恐一般嗜好同志都不能解释得出罢？从前烟禁令下烟馆初闭、烟膏店未停的时代，有一种公司烟间乘时产生。怎样叫做公司烟间呢？就是只备灯枪，不备烟膏，吸烟人自己备好了烟膏到公司烟间去吞云吐雾，和在烟馆内吸食相同。做老板的别无利益，只贪图烟客吸剩的烟灰，借以谋利。而烟客带烟进去，如燕子衔泥状，更且吸烟地方，室小人众，烟客大都对面直躺，又如燕子在窠中偃息时仿佛，故以"燕子窠"三字唤之。到了目今，不但上海一隅如是称呼，即江浙内地各处私设烟馆、供人灯吃的地方，也都是叫作燕子窠。不过现在的燕子窠，备好卧榻灯枪，煮好大土、小土，供人随意吸食，十分便当，嗜好同志更不消自己带烟进去，和初创燕子窠的时代又有些不同了。

广东人的迷信

江浙两省人民的确是很崇拜迷信，已为全国所称道，但是广东人的迷信程度却也很高。你瞧，南京路之虹庙、城内之城隍庙和各处著名的庙宇，到了废历朔望及元旦，他们都携妻挈子，必恭必敬的前来拈香祝祷的，很多很多。就是"瞎子大亨"吴鉴光的装神弄鬼、撞钟击鼓的把戏，他底老主顾也要算粤帮为最多。

广东人对于地主老爷也很崇拜。他们家家屋里的壁角落边或台子底下，都贴着红纸一张，大书"福德地主神位"字样，天天早晚焚香祝祷，常年如是。每逢初二、十六，还要猪头三牲、红烛高烧的叩头敬神，他们的口号叫做"烧路头"。这种迷信只有粤帮是有的，其非广东人很少奉行。

拉　风

二十年前电气风扇还未风行时代，到了夏天，商铺中如绸缎店、剃头店、酒菜店以及戏园中的包厢等，都临时装上几面白竹布做成长方形的风扇，扇端系了长绳，由人牵动，凉风即习习而生。此种杜〔土〕制风扇，名叫"拉风"。考究些的，竹布上面也涂着书画。稍微体面的人家，也都装置一面或数面。等到电气风扇盛行以后，此项拉风就归于天然的消灭了（据说内地未有电气事业的所在，现在仍有装置拉风者）。

打　醮

每年至废历六、七月间，打醮（太平公醮，亦即盂兰胜会）之举竟风起云涌，普遍了全上海，迄未革除。至他们打醮的意义，说道赈济孤魂野鬼和常保平安康泰。但当此科学昌明时代，这种可鄙举动，足见人们之太无意识了。

打醮有独打的，有合作的。独打即自己独自出资，不费他人分文。合作即一里之内、一路之间，挨家逐户，共同出资。事先有人持了捐簿逐家劝捐，付款以后，门上贴了一条黄纸，上写"太平公醮乐助几元"，作为标帜。到打醮的那天，用长草绳系满着锭帛冥衣之属沿门悬挂，这不知又是什么顽意。醮时，先在高台上诵经，经完再举行杂耍，闾里妇孺群往围观。等到杂耍完了，然后焚锡箔、化冥衣，一场醮事就算完结。不过他们很郑重地举行打醮，为的是赈济孤魂野鬼，虽属迷信，情还可原，为什么又要夹入一班杂耍，嘻嘻哈哈闹个不了？且扮演人浪语淫声，丑态百出，如此怪象是媚鬼呢，抑逗人呢？吾不可解。

各巡捕房附属之救火会，也每年举行打醮，且于三天前悬旗示众，名曰"飘红"。据说，西人方面曾经目睹过赤老（即鬼），故也乐为赞成。

不守时

沪人有一种坏脾气，逢到开会或赴宴等事，常常不守时刻。例如二点钟开会、六点钟聚餐，倘使应时而往，不但无一来宾，而具名相请的主要人和折柬相邀的主人翁也都踪影全无，迟迟未到，必要挨延许久，才姗姗其来。这种怪象已成为社会上普遍的恶习惯，故计时之钟表虽家家齐备、人人都有，不过当作一件时髦的装饰品，不作守时刻用的东西。

而且不仅开会或赴宴如是，他若亲友邀约、赴行办公，也都不能遵守订定时刻。故八年前，特由负资望的中西人士想出一种救济办法，乃将时钟拨快一小时，每只时钟上面加一红长针作为标记。首行拨快者，为外滩江海关之大钟，就此群起效尤，都依照海关施行，每逢开会等事，必书明新钟几点（譬如下午新钟二时，实则只下午一时）。后来钟虽拨快，而不守时的恶习惯依然不能打破，徒滋纷扰，故未满半年，这个新钟制度也就无形的取消了。

市　虎

在那电杆木上，常常可以瞧见"马路如虎口，当中不可走"的警告纸，可是"市虎"（即汽车）杀人底惨闻依然不断地发生。在遇祸之人，血肉横飞，伤胫断腿，宝贵生命殁于俄顷，自然是不幸极了；而在汽车夫方面，又往往说道倒霉者自己不小心，于人何尤？不过平心而论，汽车和伤者、逝者应彼此各任其咎，才是平情之道。

各马路上两边水门汀路为人行道，专为人们步行而设。穿过马路，既有红绿灯示众，又有警捕指挥，如人们能依此而徐行慢步，自少意外横祸。奈有不经意人常常喜欢在马路当中踱方步，穿过马路也不依照红绿灯之变换和警捕的指挥，急急地冲过去。逢到汽车疾驶而过，不及刹车，往往肇事，其原因都属于此。惟有在冷僻转弯抹角地方，汽车忽倏地冲出来，且不揿喇叭警告，致发生惨剧者，也常有所闻。这种责任，理应归汽车夫独负。

总之，在市虎繁多处步行，人们须处处留神，实行"马路如虎口，当中不可走"的警告，才少送掉几条宝贵底生命。最近据公共租界工部局报告，过去的一年中（即民国二十年），因车马肇祸而死亡的人数共达一百三十三人，受伤的人数共达四千三百多人。这个统计，岂非骇人听闻吗？然此不过公共租界一隅而言，还有法租界和华界方面却不在内。倘一一统计起来，其死亡率和受伤的人数断断不止此数。又车辆杀人，更不限于汽车，而电车、马车也会肇祸。

红绿灯

沪市为通商要地，中外毕集，马路上一天到晚的各种车辆，竟至鱼贯不绝，拥挤万分，故在各冲要路口，派遣中印巡捕持棍指挥车辆和行人，以免疏失。后来因最热闹路口专靠巡捕指挥犹恐不周，特装设红、绿电灯各一具，由一捕专司其职。譬如车辆和行人欲穿过马路，用绿灯示之；如系红灯，不许穿过，只可直行。每天从上午六点起，晚上十二点止，为红绿灯互转时期；十二点后，红绿灯也都熄了，因此时行人和车辆较少，不至再发生意外之事。

这红绿灯的装置，闻各国各大都会久已施行，而在沪上装用，不过四五年的时候。

名人与花柳

海上为淫风最盛地方，卖性的妇女滔滔皆是，欢喜猎艳的很容易患花柳病，而花柳医院和花柳医生因此也最多。它们因欲生意兴隆，不惜牺牲巨大的金钱，在各报上登载很使人触目的广告，引起病人的注意，而且广告后面必列着几位海上名人具名介绍。它们的意思无非炫耀自己医术之高妙，故许多名人乐于替它揄扬。

不过吾有点不懂，岂所谓名人也者，个个患过花柳病，经过这位医生医治好的，以故代替介绍，聊图报德？如非患过花柳病，是这班医生所冒窃的，为什么不声明声明，情愿被他们利用呢？

此地不准小便

街头弄口的墙角上，多印着中英文合璧布告道"此地不准小便，如违送捕究办"字样，但是要小便者依旧在此小便，并不因有此布告而不便。本来，随地溲溺，粪汁满地，臭气触鼻，实属有碍公众卫生，稍知自重的也不愿明知故犯。但是地面上公厕太少，人们偶因便急，没法找到公厕所在，只得随地的便一便了。

有些地方，特为画着一只乌龟，并题了几句俗不可耐的歪诗，以示警告人们不准在此乱便。不过越是在乌龟底下，小便的人越是来得多，要想拿乌龟来吓人，反而失掉其效用。总之，便急的人并非故意要违章，实因急切找不到便之所在，只好不得已而便一便了。

打　样

建筑房屋之先，须先打样（即房屋之图案）送呈当局，请求核夺，核准之后才可兴工建造。在建造期间，当局常派有职员前来查看工程。倘建造手续和打样不符合及偷工改料等弊，一经查出，立令拆卸重建，丝毫不许含混。倘关于公众来往地方的戏院、游戏场、旅馆等建筑，更特别注意，因公众生命寄托所在，不得不格外郑重。

此项核夺机关，公共租界在工部局，华界在土地局，法租界在公董局，他们都派有专员专司其事。

还有各商店每天收市，也叫"打烊"。打烊和打样，音似同而意义大不相同。

抛沙掷泥

妇女们乘坐人力车在路上经过，常有顽童和不道德者抛沙掷泥以取笑乐，更有用小洋钉、碎玻璃乱掷者。等到停车责问，若辈早已远扬无踪。也有站在洋台上面，伺隙抛掷。这种恶作剧的无赖举动，小则污人衣服，大则伤及头目和流血惨事，殊为可恶。顽童无知识，情还可原，成人之徒也如此的轻佻胡为，实属罪不可恕。

从前每逢废历元旦，娼妓和人家妇女都打扮得花枝招展，坐了车子兜喜神方，游四马路。一般无赖购好金钱炮，在各茶馆的洋台上啜茗等候，瞧见车辆经过，他们就取出法宝，任意抛掷，劈拍声浪响彻云霄，掷中妇女面孔则拍手狂笑，以表胜利之意。后来租界当局一再严予取缔，此风方才消灭。这种无意义的轻佻行为，和顽童的抛沙掷泥，其罪相等。

搭客要找保证

自从前年行驶长江外海各洋商轮船常有匪类扮充搭客混入，驶至中途，忽各执凶器肆行搜劫，抢完了，乘预先约好的盗党小轮，呼啸逸去。船主吃了这个亏后，为防微杜渐计，实行一种搭客保证的办法：搭客到船局去购票时，先给你一份空白保单，照单填好，并须殷实铺保负责盖印，才许你登轮。倘使途中发生意外，须令保人赔偿损失银二千两。轮船到达目的地平安无事，此保证才作废。保单格式如下：

> 立保证人×××号，今保到××年××岁，××省××县人，职业××，今搭某日××轮船往某处，所带行李内或身上如有挟带军火、烟土或违禁品等被海关或其他官厅查出，或本人途中有干连任何强抢盗劫之举，保证人自愿一概承认赔偿二千两为止。恐口无凭，立此保证存照。
>
> 　　　　　立保证人签押　　保证人住址

自施行这个搭客保证后，在轮船上虽可平安无事，而在搭客方面颇多麻烦。倘使正当良民欲趁轮船，找不到殷实铺保，只好望洋兴叹，不能出门，这是多么的不便！近闻外商各公司早已实行此搭客保证，仅招商局还未施行。

大舞台对过

在下层社会里或妇孺口中，常有一句口头禅，叫作"大舞台对过"。这句俗话，不知道内幕的人往往莫名其妙，其实是一句腰斩过的表白话。因为大舞台戏园对过开着两爿糖果店，比屋而居，招牌都题"文魁斋"，且每家店门前悬着一块市招，正面画了一只大乌龟，旁书"如有假冒者是此物"。那只大乌龟底下，还有"天晓得"三个字，两家市招均书画一样。它们的意思，欲表明吾们是首创老店，其他都是假冒。不过两爿文魁斋，都自己说他人假冒，究竟哪一家是假冒，哪一家不假冒，实在使人莫名其究竟，只好归之于天晓得了。

譬如有一桩事，冤枉了某甲，某甲竭力辩白，末了更说一声"天晓得"。甲的意思是说这桩冤枉，人们都被蒙蔽，只有天老爷晓得（晓得即知道之意），故有"天晓得"之说法。后来索性不说"天晓得"，改说"大舞台对过"，岂不成了一句腰斩过的土话吗？但是初到上海的民众和不知社会情形的人们，听了"大舞台对过"一句土话，都会如堕入五里雾中，瞠目不知其出典。

这么一来，无形中倒代替两爿文魁斋做了不少的宣传功夫，因说起"大舞台对过"，就会联想到文魁斋去，而文魁斋方面也得了不出代价的无数宣传员。

马路政客

社会上有一种人，问问他们的职业，非士、非农、非工、非商。既非士农工商，究竟是做哪一项职业呢？他们的职业，乃是跳出寻常职业以外的一种特别新职业，名叫"吃团体饭"。

吾国人民向来如一盘散沙，如果有人结成团体，原是一桩极好的事情。不过这般人所组织的团体，并不是为着国家和社会着想，纯为自己捞钱出锋头计、为做官发财计。因此他们团体的名目虽很好听，问问他们的所在地，只有亭子楼一间，或灶披间一方，他们办事的人物也只有三数人而已。

他们的拿手本领，唯"钻头觅缝，信口开河"八个字，为他们不二的秘诀。瞧瞧他们的外表，交际是很广阔，衣服是很华丽，口才是很擅长，与人谈话充满了仁义礼智信。故没有拆穿西洋镜以前，固然是一位热心爱国的好男儿，倘使拆开来一说，他们的热心、爱国，都是为着自己吃饭、捞钱。

逢到国家有灾难、政治有剧变的当口，他们必诏成很长的快邮代电或什么宣言，送到各报馆去，要求登载，馆方一经披露，他们已如愿以偿。至于电文中的各种主张，请问哪一桩能够办到，哪一项能够实行，都如痴人说梦，空言欺人罢了。

现在吃团体饭的活动份子，少说些也有好几千人。他们的目标，不但是骗碗饭吃，一天时来运来，还可以发财，再可以做官。

他们天天挟着一只大皮包，忙忙碌碌的东奔西跑，赶做他的特别新职业，因此人们都尊他一声"马路政客"。

欧　化

现在一般摩登的青年和有钱的富翁，不但对于衣食住行都崇尚欧化，即如起居一切、语言动作，也都仿效西式。如衣非西装不着，食非大菜不快，住非洋房不乐，行非汽车不走，还有屋里的装饰、身上的穿戴，都统统西式是求。叫起人来，满口"密斯忒""密斯"；写中国字，必喜横写；吃食水果，也要吃外国货；生病吃药，也要购外国药；连断了气直了脚，也要睏一口外国的玻璃棺材，才觉心满意足。

在他们的心目中，中国的东西样样是不好，中国的习惯又样样是腐败，要做时髦人，非式式学步欧化，不能算头等漂亮人物。

有人说道，这班新人物抱有大志愿，他们恐中国灭亡以后求不到立脚地，故预先欧化起来，以后可与外国人同化，免受亡国的苦楚。吾道这条妙计好是好的，可惜你的头发不金黄，鼻子不高耸，眼睛不深陷，皮肤不白色，将来你虽满口的"也斯"长、"也斯"短，因为你的尊容如故，决不错认你是外国种。国亡以后，依然要受亡国奴之非人生活，到了那时，这条妙计岂非等于白费心思吗？

小　鬼

上海滩上，赤老（即鬼之代名词）真多，因为常常听见人们骂起人来，总是赤老长、赤老短，这个骂鬼的声浪，早已普遍社会。且赤老上面，大都加一"小"字，意者做了赤老，当然要列入"小"字之列，不登"大"雅之堂了。

从前娼门中有一句口头禅，叫作"礼拜六，洋行小鬼叫出局"。到了礼拜六夜里，一班吃洋行饭的人胡天胡地去玩娼和叫局，故有此一句口号。等到银行盛行以后，更多一班吃银行饭的人去白相堂子，故又叫"礼拜六，银行小鬼叫出局"。她们背后骂人小鬼（沪音读居，北音读管），大约指洋行和银行的客人体魄矮小之故。不过吃洋行银行饭的人，未必见得个个是侏儒一流，她们称小鬼也者，或许含有轻亵之意。据作者意思，人们骂人曰小鬼或小赤老者，不外乎两种原因，一指体魄矮小，一含侮辱之意。

在常人口中，倘使对人骂了一声"小鬼"，势必要起冲突，或者要酿成动武活剧。如果这一句骂词，出于摩登女子或娼门姑娘樱口中，被骂的人不但丝毫不怒，反而觉得有无上恩宠，遍体松快，更有嗔怪美人不多骂几声"小鬼"，使他尊骨多轻松一回。

棺材店里的鬼戏

每逢废历朔望，棺材店里老板照例有祭棺之举。到了那天，他们开了后门，将一口棺材倒屁股的竖起来放在后门口，燃点着香烛，焚化了纸锭，就算完事。他们的意思，希望将棺材颠倒竖起来，明天会有生意到门（倒、到同音）。

到了除夕那天，他们又有什么祭材神举动，除点香烛、焚纸锭外，还有一副猪头三牲。老板也衣冠楚楚的一跪三叩首，等到叩头完了，再用一柄破扫帚，叫匠工在每口空棺材上狠命的抽击一下，并喃喃说道："你如有灵，请你快快的出去。"意思就要明岁大年初一，就有一批好主顾到门来购买一空。请问他的存心怎样？这就是他们的鬼戏。

茶　馆

从前南京路、福州路、广东路三块地方的大茶馆很多，并且有广式、苏式、本地式等种种的分别。到了现在，昔称最多地方的茶馆，早已关的关、歇的歇，目今所存者已无多了。

十几年前最著名的广式茶馆，如同安、易安、全安、福安、怡芳、同芳，也都一律停业。还有一家牌子很老的五龙日升楼，也因生意清淡，自动的收歇。日升楼地处南京路、浙江路、湖北路之间，为五路衔接要道，开茶馆的老板题了"五龙"，却还名副其实。最近在日升楼遗址，新开设一家方壶酒庐。茶馆变为酒馆，有茶癖的人们过此，只好望茶兴叹了。最近方壶酒庐也关了门，改开一爿广式酒馆。

吃包茶

吃包茶者，每天在固定的时间里，必到一家茶馆去茗饮。这种朋友，都属于工友和掮客为多，他们人数既众，又每天必去，故以吃包茶来得合算。

吃包茶怎样吃法？预先在一家茶馆某堂口内，认定一只台子（也有认定困榻的），并认定每天泡几壶，约在什么时候必到，以及每月茶资若干、小账多少。接洽妥当后，每天到时，堂倌必先将茶壶、茶杯放在台中以作标识，等包客来吃。老上海人跑到茶馆里去，看见茶台上放着一堆茶壶茶杯，虽阒无一人，也不去坐。倘你不知其故，要在这台上吃茶，堂倌必婉为拒绝。

从前大烟间公开时候，也有"吃板灯"之举，即烟客预定天天到这只榻上去开灯吃烟，名叫吃板灯，和茶馆里面吃包茶，是同一的意思。

小账分文不取

各茶馆的价牌上，大都标明："早茶每壶若干文，午茶每壶若干文，小账分文不取。倘使强索，告明账房，立即斥退。"写来如此明明白白，一若真真分文不取者。考之事实，又大大不然。堂倌收资时，必于额定外要加收二三十文或五六十文不等，才放你走出。倘使你照价牌上给资，他必一百个不愿意，并说还要叨光小账。这个恶例，可称全上海的茶馆都是一样。

"小账分文不取"的效力既等于零，不如索性改写"小账随客酌给"那就好了，更可免除茶客付给茶资时，加多一番麻烦和争吵。

堂彩以外之堂彩

什么叫堂彩？就是小账的代名词。人们到了酒菜馆、宵夜馆和杂卖店去饮食，例如正项共计九块钱，他开起账来，另加一成堂彩一块。照例九块钱加一，只九角足了，然而他们都算一块的，共计十块，临别时还要叨光小小账一块（洋泾浜英语呼"客姆赏"）。故而未付小小账之先，他们格外来得巴结，大献殷勤，其目的只在金钱而已。如此算来，岂非食去九块钱数目，小账和小小账倒要费掉两块钱呢？此之谓堂彩以外的堂彩。

据说这种小小账的开始，从前本不大通行，后来有了一班阔客和公子哥儿，视金钱如泥土，自谓请客应酬哪肯惜钱。开始之后，到今已成为惯例了，至于大阔老付给小小账时，加四、加五的滥给也有，不过这是一种例外。

送元宝

每年到了废历十二月初一至三十日止，浴室和茶馆例有送元宝之举（即是打抽风），对于老主顾则一律送的。用青果（即橄榄）十余枚、橘子二三只，装入小黄篮及小蒲包里，拎至主顾前说道："请用元宝。"末了，至少须另给大洋一元，或二元、五元，才称谢不已。倘使仅给几角小洋，他们谢也不谢，勉强收去。现在有几家浴室，已不用黄篮蒲包，只将青果、橘子摆入磁盆里，惟茶馆里仍多用黄篮蒲包者。别种商店对于常年老主顾，到了年底只有客气对待，而浴室和茶馆反欲在老主顾前大打其抽风，真不可索解。

又至废历年底与新年前后十天，各浴室浴资每客加倍收取，其他擦背、扦脚、剪发也一律加倍。茶馆只新年五天加倍收资，名曰"元宝茶"。

前岁黄楚九在世时，以所开之温泉浴室乃打破此恶例，特登报声明，取消打抽风和前后十天加倍收费。同行中虽多侧目，而在主顾方面则多乐道了。

现在有几家仿效温泉，也不送元宝，更有前后十天并不加价，照平常一样，不过是少数而已。

看热闹

上海的人们，最欢喜是看热闹，尤其是下层民众，更看得起劲。像某公馆出丧哪、某庙赛会哪、某处火警哪，都能哄动不少的男男女女丢了正事不干，聚集了许多人前去看他一看，才觉心满意足。有时候碰到马路上巡捕捉小毕三，隔壁人家夫妻俩争吵，也会哄动一群人去瞧瞧。他们看热闹的兴致的确很浓厚而有味，在旁人看来实在是无聊得很。

抄把子很容易发生不幸的事。碰着歹人在内，不服检查，就要砰砰碰碰的开枪，这是何等地危险？在理应趋避不遑，而欢喜看热闹的人们，每逢检查，大家也会哄上来瞧一个饱。不过遇着触煤头时候，没有眼珠的流弹飞到你身上来，就会发生极大的危险。这叫做活着不耐烦，自己去送死，真是何苦！

无意识

"天皇皇，地皇皇，吾家有个小儿郎，路过君子念一遍，一唔唔到大天光"，和"出卖重伤风，一见就成功"这种顽意，在那墙壁上或小便处，是常常可以瞧见的。

小孩子夜间啼哭和人们患了感冒，应用正当的手续来制止和医治，哪有写了几句俗不可耐的字条儿贴在墙壁上，就可以如愿以偿吗？这种一厢情愿的办法，适足证明无聊而又无意识，而人们智识的幼稚，这么一来也就暴露无遗了。

医　院

各马路上的什么医院什么医院，竟至触目皆是，其多如鲫。它的数量额，虽然不及剃头店、烟纸店那么多，如果要统计一下，也着实不少咧！

其实要称到医院，须有广大的房子、完备的器具、各科的医师和受过训练的看护士与看护妇，如仁济医院、同仁医院、广慈医院、红十字会医院、广仁医院、宝隆医院、上海医院等等，才可称得起医院两字。

可笑现在各马路上的医院，只租借店面一小间（至多也不过租借市房二三幢），也挂起医院牌子来。它的招牌上面，居然能说统治百病，不论内外花柳、险症重病，都可治疗。其实它的内容，只有一个全知全能的医师，一天到晚串着独脚戏；至于设备方面，既无病房，又没看护，至多不过雇一助手和一仆役而已。

它们的业务虽称统治百病，其实却注重花柳一门。上门看病的主顾，大半属于花柳一类，对于病人，往往打上一针六零六、给付一些解毒药，就算完事。其他险症和重病，决不请教他们的，即使有之，他们也只好敬谢不敏了。

依事实而论，这种小组织，只可称一声某某治疗所或某某诊所已经够了，何必要大言不惭地自称医院呢?

基督教

基督教包括天主教、耶稣教、希腊教三种，该教宗旨以博爱和救人相号召。其实一究其真相，完全是帝国主义侵略中国和麻醉青年的开路先锋。基督信徒一再诋諆国人迷信神权及崇拜偶像，而他们迷信基督，也和国人崇拜偶像，其心理初无二致。不过他们迷信一神，可称寡神教，国人崇拜偶像是迷信多神，可称多神教罢了。

耶稣教多以英美两国人为主人翁，天主教以法国人为主脑人。言其势力，天主教较耶稣教为雄厚。试观徐家汇一地，教堂之伟丽、财产之众多、信徒之繁夥而团结，已可见一班。他若内地各城市各乡镇，多有十字高耸之天主堂，耶稣堂比较则少。更有只租借民房若干间作为传教讲道之所，天主教则无此简陋。

　　耶稣教中多有什么会的分别，如伦敦会、圣公会、监理会、长老会、浸礼会等等，天主教则无之。

　　最近九四老人马相伯先生演讲《我国积弱的原因》一篇，说起帝国主义宗教侵略的煽惑，极为沉痛。兹转载如下：

　　　　我们有一部份人，已知道基督教是帝国主义侵略中国的先遣队。因为他们借了宣传宗教为名，任意深入内地，以迷信神权最深的中国人，哪有不被他们用深刻的手段感化了盲从了去呢？自庚子以后，全国没有一处无西教的踪迹。他们传教的步骤，先仗帝国主义的势力，在内地荒凉之处垦地开渠，大事拓殖，设立医院，举办学校，信徒求医、求学者，一概免费。在内地有了这两大利器，焉能不受人欢迎？于是信徒日增，但见十字架直立空中的教堂广厦连阡，教堂所在树木参天，道路平坦，周围花草鲜艳夺目。以枯涩未开通的中国内地，有此灵境，人民焉能不乐而从之？这西人魄力之大，无出其右。内地愚民一经迷信，终日祈祷，开口上帝，闭口天主、耶稣、玛利亚，不绝于口。一切思想煊然迷信化，不求努力进步，国家大势情形更其置诸度外。因为他们只有上帝，而无上帝以外的一切。这种被帝国主义宗教侵略包围下的人民，身为中国国民，只不过一条条的蠹虫罢了。而且西教在中国土地物质的占有，据最近调查所知，共侵土地八千七百万万六千万方亩，物质上的财产一万四千万三千万万元，数目之大，简直令人惊骇呀！

人们看了马老先生这篇报告，当知各帝国主义传教之深意了。况且马老先生是一位天主教的信徒，故能深悉教里的情形，而作此摘奸发覆、极沉痛的报告，更值得人们的注意。

前清之季，因教案酿成意外大祸，也有多起，结果不是丧失国土，定是赔偿巨款。创巨痛深的迹象，直到如今还留存着吾们的脑海里。唉！

下集

大报最盛时代

上海为舆论的中心，久已誉驰全国，且各大埠之办报人均观摩于上海报纸。但是到了现在，出版报纸之数量逐渐减削，至今日仅有《申》《新闻》《时事》《时》《民》《晨》六大报而已。比较民元时代，已数量大减。民元时之著名大报，除《申》《新闻》《时》《时事》外，还有《天铎》《民立》《太平洋》《中外》《民权》《中华民》《启民爱国》《神州》等八家，合之《申》《新》等报，共达十四家之多，比较现下已减去大半。故追论上海大报全盛时代，当推民国纪元时为首屈一指（还有钱芥尘主办之《大共和报》、谷钟秀主办之《中华新报》、章保世主办之《民强报》，均民元后出版，故列于后）。

各报社评之变迁

从前各大报第一张第一篇，必揭载一社评（亦有称社论、社说者）。曾忆周浩主任之《民权报》，每天长篇社评，多至三四篇以上。后来不知何故，《申》《新》《时》各报，都将社评一栏取消，改刊简括之短评。至短评体裁，闻系陈冷血、包天笑任《时报》编辑时，最先发明。第一张称"时评一"，第二张称"时评二"，第三张称"时评三"，惟仍不废社论。等到《申》《新》各报废除社论，改为短评时，每天亦刊三评之多，如《时报》然。近年以来，第二、第三两张短评久已撤销，仅第一张刊一短评而已，《时报》则完全废除久矣。吾友毕公天说："报纸之有评论，如人之有口。今评论之体裁废除，改为短评，宛如人口之已达不健全、不能畅所欲言的状态。"或谓各报之仅留一短评，或完全取消，实具有不得已的苦衷。因言者虽无罪，动辄则得咎，反不如效金人之三缄其口，亦稳健免祸之意。近下惟天津各著名大报，第一张仍旧刊登长篇社论，且有敢言之誉。故最近胡适之氏批评全国报纸的精采，以天津为冠首，北平第二，而负有舆论中心点之上海反列入三等。唉！吾为之羞。

到了"九一八"国难以后，《申》《新》各报才将短评取消，改刊千字上下的论说。因为国难当口，欲有所申述、有所献替，寥寥一二百字的短评实在不能尽言，故都改为适中的社论。

报界四金刚之凋零

《申报》史量才、《新闻报》汪汉溪、《时报》狄楚青、《新申报》席子佩等四人，夙有上海报界"四大金刚"之誉。论其地位和学识，虽各各不同，而蜚声报界则都不约而同。今汪汉溪先生久已物故，狄楚青先生也早已将《时报》让渡给金山黄伯惠，席子佩先生初创《新申报》时代烈烈轰轰，颇露锋芒，后因亏蚀不支，就完全脱离关系，回归青浦原籍休养，新近也故世了。说起现在报界的"四大金刚"，只有史量才先生一人，且史先生对于《申报》各事不大顾问，完全委托张竹平氏经理。以今例昔，使人不禁兴凋零之感。

野金刚

嘉兴钱须弥（芥尘）先生在报界的资格很老，交际也很灵活，民二在福州路办过《大共和日报》，前几年又接办毕倚虹之《上海画报》，在天津更办过《华北新闻》，在辽宁办过《新民晚报》，和朝野达官巨绅均有相当的交际。今《大共和》与《华北新闻》久已停刊，很有成绩的《新民晚报》也让给赵雨时先生，而他老人家在报界的资望仍处重要地位，以故友人戏呼钱先生为"野金刚"（作者按：因汪汉溪、狄楚青、席子佩、史量才四人为上海报界的四大金刚，前面已说过，希读者参阅罢）。

报头下之洪宪纪元

民国四年，袁世凯忽发帝制迷梦，不惜推翻中华民国。从登极到崩逝止，虽只八十三天，而沪上各报馆已大受其压迫。起初电令薛大可（薛为洪宪六君子之一，奉袁命在上海望平街南京路口开设《亚细亚报》，专事鼓吹帝制）转告各报馆：报边外的年月日，不准用"中华民国"字样，须用洪宪纪元，倘不遵从，一律查禁，并按名拿办。各报初置不理，后经薛君子威逼恫吓，无所不至，各报不得已才将"中华民国"四字撤消，改刊乙卯年几月几日，又将洪宪纪元用极小的六号字刊在报头号数下面，初看之几不可辨识。那时只《亚细亚报》一家，大刊洪宪纪元几月几日。后来蔡将军霹雳一声在云南起义，洪宪的活剧消灭，各报馆才得恢复原状。今日追思，还有余痛。

汪汉溪大捧林黛玉

已故老名妓林黛玉，夙有金刚之誉。由娼而伶，由伶而妓，并一再从良，一再出山，统计一生不下二十多次。曾记民国七年黛玉最后悬牌为妓时，前《新闻报》总理汪汉溪先生捧之颇力，并送登一条封面广告，大书特书曰"潇湘馆主老林黛玉重行出山弦歌应征"十六字，极为看报人所注意。因为上海妓院向来不登大小各报广告，经汪先生这么一捧，老林的淫业的确借光不少。

十五年前之小报

十几年前的小报，全上海统计之，不满十种而已。那时间的小报内容，只刊些游戏文章、滑稽专电、戏馆新闻和几条刻板式的花丛消息、几则颂扬式的戏剧评语，且都用四号字排刊，材料极为简单，不过是天天出版的，篇幅也是直四开，和现在流行底小报一样。那时印刷，除用铅字付印外，也有用石印印刷的。

后来名记者余大雄氏，首先发行了一种《晶报》三日刊（初发行时之《晶报》附在《神州报》赠送，后来《神州报》停刊后,《晶报》才独立发行,直到现在),很受社会上欢迎。等到三日刊之小报盛行后,而从前天天出刊的旧式小报就此陆续淘汰尽净,现下这种刊物久已踪影全无了。

现在流行之小报

三日刊之小报风行以来,迄今已有七八年的光景,但是中间也有过不少地变化,如五年前骆无涯氏首创了一种横四开的刊物《荒唐世界》,专载嫖赌吃玩等荒唐事务,很能风行一时。后来什么"世界"多至不可计算,当时读报的人们,目谓"世界化"。

又不多几时,康驼背氏也发行一种横式小报,题名《牵丝攀藤》。这四个字本上海社会上一句俗话,是表明纠葛不清的意思,出版以后竟能哄动一时,几有打倒《晶报》之势。投机的人瞧得眼红,于是你出一张《瞎三话四》,我出一张《阿要气数》,报名越出越离奇,文字越刊越不堪。此类刊物,名叫"俗语化"的横报。后来因为《牵丝攀藤》报上刊了一篇《房中术》,期期披露,专写性交的门槛,愈登愈龌龊,为当局所注意,将要检举。于是这张老牌俗语化之刊物首先自动休刊,其他各报也陆续停锣息鼓,各各关门了。

又过去了几时，更有一种什么"情"什么"情"的横报，也崛起一时。可惜世界化和俗语化的风头已过，大都发行不久，宣告休息。

"情"的报纸过去后，又流行过一种横八开的刊物，报名多题什么"常识"和什么"秘密"，真是五花八门，不能喻其玄妙。到了目下，这"秘密"和"常识"的小报，也都没有了。

现在流行的小报，还是直四开式。不过从最近的时候，又流行一种每天出版的小报，不过这种刊物和十几年前的旧式小报，它的编制内容是完全不相同的。至于以后的变化怎样，非本文范围内事，而作者也非预言家，恕我不能报告吧。

报馆街

福州路之望平街，从前人们都称它"报馆街"，因为这一条街道虽短而报馆却很多，全沪的各大报馆差不多尽在于此。不过到了现在，关的关，迁的迁，所存在者只有《申报》《晨报》《民报》几家。《时报》和《时事新报》早已将编辑印刷部份迁到小花园及江西路去，望平街上仅设一发行机关和编辑部份。

卖朝报

常常瞧见街头巷尾，有人拿着极粗俗的石印刊物，边卖边喊道："说新闻来话新闻，两只铜板卖一张。"更故甚其辞，大造谣言道："八十五岁老婆婆，下嫁了一个二八青春的小白脸，烧饭司务跌倒汤罐里；天齐庙里老和尚，开直了庙门，红灯花轿娶娇妻。"一派胡言乱语，引动了知识浅薄的男男女女围拢来，都要买一张看看。这种生意，就叫作"卖朝报"。

当、质、押

一般穷光蛋的后门（沪谚称典当为穷人后门），大别之共分三种，曰当、曰质、曰押。押的规模较小，取息很重，人们一望而知。典当和质当的范围相若，取息相同，规定的赎取期限也仿佛，然而何以有当和质的分别呢？

按照清季定制，开设典当，须到本省布政使（藩台）衙门去具领准许营业的帖照，倘使开设质当，那就不须领帖，故有此一字的不同。

当　价

从前各典当对于当价，金子和银子的当价最高，次则衣服，再次则珠子钻石。衣服一物，向来可有六折当价，至少可当对折。譬如一件衣服，值价十块，可以当六块，少些也可以当五块。可是现在不行了，衣服只有三四折可当，女色衣服更当不起，至多可当一二折。而奇形怪状的摩登女衣，竟有拒绝收当者。它们的意思有二层，一因银根奇紧，不愿多收进呆货（它们称衣服为呆货），故将当价折低；二因衣服式样年年改变，今年以谓时式了，到了开年已变为落伍，而于女衣式样的改变尤快，故女衣当价尤当不高。

从前赤金市价每两在六十多块时，当价可当四十块一两。现下金价腾贵，每两已涨到一百多块，当价可当八十块一两。白银市价每两一块六七角，当价可当一块。金、银两项东西很为灵活，譬如今天满期，明天就可取出来，到各银楼交去，立可变成现洋。衣服满期后，还要等各提庄来购去才可换现，如各提庄不来交易，这种满期货色就会搁起来，各典当对于衣服当价的折低，此亦一大原因。

各小押当对于衣服当价，比较大典当来得看高一些。不过押当利息重、期限短，虽说当得高，其实暗中吃亏也很多。

当几钿

常言道："典当是穷人的后门。"这句话的确不错，因为无产阶级的穷百姓进款有限，不够所出，常常要闹穷，碰着急迫的当口，只有当当头一路可应急需。

穷人跑进典当门去质钱，坐在上面的朝奉先生竖起一只晚爷式的面孔，将东西翻了一翻、看了一看后，才大声问道："当几钿？"这句问话虽是朝奉对待当户的客气话，其实朝奉心中，翻看东西后早已有着数目，不过假客气一回罢了。譬如有一种东西，当户要质五块钱，朝奉先生起初说三块，后来至多加上一块，合成四块，已算万幸。当户倘使不知趣再要噜哩噜苏，那朝奉先生就别转脑袋，不来睬你了。

不过碰到大票头的当户去当赤金、珍珠、金刚钻和贵重细毛皮货，数目总在几百块或几千块之间，他们就换上一副面孔，虽不能和颜悦色，殷勤招待，而讨人厌的晚爷面孔忽变为一只老大哥面孔，问起话来也和婉许多，不像对待小当户的神气十足，大声乱问道："当几钿？"

徽骆驼

各典当所雇的店员（俗称朝奉）以徽州籍最多，不但海上如此，凡各镇各县的典当店员也多徽人充之，故有"无徽不成典"之谣。沪人戏呼这班徽州伙友曰"徽骆驼"，不知是何用意。一说因为各典当的木柜台装得特高，店员高踞其上，势若驼背，有可望而不可攀之势，故象其形而戏呼之。曾忆往年徽人曹梦鱼发刊《骆驼画报》三日刊，已自认"骆驼"为徽州人的专有名词了。

押店之利率

穷人的后门，除掉典当、质当之外，还有一种小押当，又称"押头店"。押头店的数量超出当质要多几十倍，马路上鳞次栉比，大有十步一押之概。押店的组织很简单，而对于押户取利独重，并不以月计而以期计，以十天为一期，每期取息三分，一个月计算之要月息九分，比较当质铺每月以二分取息，实际上已加多至五倍。押店所定之赎取期限也短，大都是六个月为止。不过也有每期取息二分或一分，赎取期限延长至十个月或十二个月者，这种押店究属不多咧。

两广地方盛行一种"饷押"。什么叫饷押呢？就是兵士未得饷银以前，暂将衣物质资应急，等到饷银到手再去赎回。故沪上押店的主人翁，以粤、桂两省人为最多。

借印子钿

社会上有一种重利盘剥、揢克小民的放债，名曰"放印子钿"。放债人从前以山西帮最多，缘山西人视钱如命，又精筹算。到了现在，除掉山西帮外，别帮也有了。譬如你借他十块钱，他当时先扣除鞋袜费一块，净得九块，又给你一个长只寸许的小折子，分六十天还清，每天拔还两角。到了夜间，他自来收取，在那小折子上打一"收讫"的小戳记，六十天后债款还清，这个小折子也就取消。譬如数目在几十元、几百元以外，其还债之法也照十块的例推算。倘和债主不相熟，借款时候也要保人，也要借据，不过借据上利息一项，都写照典起息，这是债主一方面的狡猾。

债主的凶恶和重利，如上所说已可见一斑，故平津方面称谓"借阎王债"。不过凶恶虽凶恶，而借印子钿者都情情愿愿，甘之如饴，这是什么缘故呢？因为贷借人或做小贩为业的，或在赌场中做股东的，他们今天借了十块或一百块，只消几天时候就可以盈出一倍或数倍的余利，以故对于放印子钿的人，无异是他们的救命王菩萨。

借皮球

这个皮球，并非是学生运动用的大皮球，也非小孩顽耍的胶质小皮球，乃是社会上重利盘剥的一种隐语。譬如借债人要借一块钱的皮球债，天天付还利息五十文，借十块钱的，天天要还利息五百文，等到一块钱或十块钱的借本一次还他了，才可以作为结束。否则须天天还五十文或五百文，还到年深月久、一生一世，是永远还不清的，如球之周而复始，没有尽期咧。借印子债是天天连本拔还的，借皮球债是天天还利不减借本分毫的，其为重利盘剥，则又不约而同（最近《新闻报》载，南市某小贩因借皮球债，负担过重无力还本，就此寻死，可为一叹）。

一角过夜

社会上重利盘剥的债主，除掉"放印子钿"和"放皮球"外，还有一种叫作"一角过夜"的重利。譬如你借他十块钱的债额，要每月取利一块，而且第一个月须先扣利息。再重利的，也有二角过夜呢，其取利之重，比较一角过夜还要加多一倍。"过夜"两字也有根据，譬如借期只有一天的时候就去还他，但是利息他们也要照一个月计算，故名"过夜"。不过现在借债和放债两方面，都改叫"一角过洋"或"二角过洋"了。

放这种重利的人，除了国人外，还有一般印度侨民，也多备款出借。借的时候既要保人，又要署券，还要在券上盖好手模印，手续很为郑重。他的意思，恐防日后借债人的图赖，故不得不如此周到和麻烦。

各银行之钞票

从前市面上通行的纸币（俗呼钞票），要算各外国银行发出的最多，如汇丰、麦加利和嘛华比有利、花旗、正金、台湾等等。彼时华人一致信赖外国钞票，对于本国银行的钞票反不大信任。等到洪宪一役，袁皇帝为集中现金起见，电令中国、交通两行停止兑现。不过钞票停了现就等于废纸，而且要捣乱市面，摇惑人心。那时候宋汉章先生任中国银行行长，不奉乱命，照常兑现，天天兑去数百万块的现洋，他仍旧措置裕如，不露丝毫竭蹶态度。不多几天，风潮平息了，华人对于使用本国银行钞票的信用就此一天提高一天。到了现在，市面上行使的钞票都是本国的，各外国银行的钞票反一天少一天了。追想起来，全赖宋先生的维持大功。

华商银行发行纸币，要推中国、交通、通商、四明四家时代最久。继续而发行者，如中国实业、浙江兴业、中南、中央、垦业、广东、香港国民等各银行。据说发行纸币须先呈请政府核准，例如要发行一千万元数量，更须筹备现金六百万元、国家公债票四百万元，常存库内作为准备金，才可发行。

市面上行使的钞票，以一元、五元、十元三种最多，其一百元和五十元的大数目钞票很少，只有大商家和大富贾手中常有来往。一般穷小子眼中，可谓一辈子不会看见的也很多。而大数目的钞票，各外国银行都有发行。华商方面，只有中国、交通、通商、中南几家而已。再有银两钞票，除外国银行统有发行外，华商银行不过通商一家。

四明银行从前发行过二元一张的钞票，今也收回销毁了。美商友华银行发行过二十元一张的钞票，自从友华收歇后，此项钞票也都收回了。还有广东银行，也发行过一元、五元、十元的三种钞票，后来不知怎的尽数收回，现今市面上早无广东银行钞票的踪迹。香港国民银行的钞票，现也陆续收回，故市面上已无该行钞票。

十五年前还有一家殖边银行，发出来的钞票很多，后来殖边倒闭，此项行使市面上的多数钞票就此等于废纸，一文不值，虽藏有钞票人组织什么债权团，起而呼援，扰攘几年，结果仍旧丝毫不生效力。

前年中美合组之懋业银行也曾发行过钞票，等到懋业收歇，所发出去的钞票一律由清理处备价收回，且数量有限，不到几时都已收回了，故市面上没有受着一些影响。

浙江实业和劝业两银行从前也都发行过钞票，不多几时也一律收回。民十六，中国、交通两银行鉴于市面上辅币（即角子）缺少，劣辅币又太多，特又发行辅币券（俗呼角子钞票）以救济之。中国分一角、两角、五角三种，交通分一角、二角两种，不过辅币券以十进计算，即十角数目可换国币一元，除去辅币贴水之麻烦。最近中央银行发行的辅币券，也一律通行无阻了。又闻平、津、辽、吉等省久已发行辅币券，更有铜元券，种类更多。

去年农工银行也发行一元、五元、十元的钞票，票的颜色分红、绿两种。

满天飞

　　银、钱两业的票子发出在外的，约分三种：（一）本票，（二）钞票，（三）支票。本票（俗呼庄票）系该业自己所发出，票面数目，小或数十两，多至几百几千几万几十万两。同行中对于某家发出之票，照例不分歧视一律收用，故有"满天飞"之荣誉。

　　某庄或某行因有变故宣告停业，第一步须先清理发在外面之本票，以维同业信用；第二步才清理钞票；至第三步，始理存户存款。他们的意思，本票和钞票系自己所发出，为维持同业信用计，为遵守历来惯例计，故亟须首先清理（间有拆烂污的银行不收回钞票，如从前信义、殖边等银行，究属少数，可作例外）。存户系自己信用该行而去存储，故搁在最后清理。

抢帽子与捞帽子

这抢帽子和捞帽子的顽意，并非小偷儿在电车上抛顶官的伎俩，是交易所中投机人和经纪人一种损人利己、手快眼快的别名。什么叫"抢帽子"呢？譬如价钱小的时候买进来，价钱一涨马上就卖出去，并不搁在手中过夜，只不过经一经手，稳赚他几两银子，这叫"抢帽子"。

做了经纪人，顾名思义，是专替投机人买进卖出，自己只赚若干佣金。但是佣金有限，不够他们的欲壑，便使出"捞帽子"的手段来，赚了钱算自己的，亏蚀了本推在别人头上，他们腰包中的花绿钞票大都是从这样多起来。所以精灵的投机朋友，虽已托了经纪人，也必须从旁监视，才免捞帽子的暗算。不过投机朋友精灵的少，浑蛋的多，大都托了经纪人做交易，自己却在家内吹吹大烟，叉叉麻雀，喝喝美酒，自谓意外财源就可滚滚进门。末了，意外横财得不着，反将自己的金钱整千整万地送进去，非弄到身败名裂、寻死觅活不休。

金价之贵贱

欧战时代，标金仅二百余两，银楼炼赤仅每两二十二元。那时候的金价可谓廉极，以现在之金价比较，适成五与一之比例。盖欧战时代，各国所贮藏的金条尽行兑出，以作军需之用，金多则价廉，理所必至。现在则不然，据说因二次欧战已在酝酿，各国均尽量罗致赤金，不惜转辗相求以备将来万一之需要，故市面上赤金愈少，求过于供，以致价值日涨无已。而舶来品因金贵牵累而价亦飞涨，吾生产落后之中国，其危险遂不可以胜言了。

马永贞与霍元甲

三十年前有山东大力士马永贞者，来沪卖艺，扯起两面竹布白旗，大书"脚踢黄河两岸，拳打南北二京"十二字。据父老相传，马之神勇，很能压倒侪辈，中外詟服。后来马永贞为习俗所移，不常卖艺，专在马贩子身上滥索陋规，以达其不劳而获之目的。譬如马贩子在北方贩了一群马匹来沪鬻售，每头须先提出若干金孝敬马氏。倘稍予游移，永贞以相马为名，随手在马身上一拍，此马已受内伤，不能出卖了。于是马贩子和永贞结下深仇大冤，只畏马神勇，没法和他抵抗。后来马贩中有绰号白蜡痢者，素工心计，尝在帮中当众宣言，力称欲除马氏，必以计诱之才可成功。众佩其智，公推白蜡痢相机行事。

公共租界大马路中有"一洞天"茶馆，为马永贞每晨啜茗之所，寒暑无间。某日清晨，白蜡痢备好石灰屑一大包，更选就饶有膂力之同党十余人，各持利刃短梃，预伏梯边。马才登楼洗脸，白乘其不备，手拿石灰屑力掷马面，马正仰面嗽口，猝不及防，两眼被石灰所迷，痛不可耐，且不能张望。此时各马贩子一齐上前，拳足交施，刀梃并击。结果虽将一代大力士摔死，然马贩子中也被打伤多人，可谓勇矣。倘不先将马眼眯盲，决不能致马死命。

清末又有霍元甲者，河北人，擅内外功，膂力胜人，生平门弟子极多。尝闻西人诮我为"东方病夫"，愤愤不平，乃南下赴沪，先在张氏味莼园和著名欧西、日本各大力士角艺，结果都遭惨败，霍名亦大震。是时并率同门弟子辈组织精武体育会，开门授徒，以普及柔术、一洗东方病夫之耻为目的，从者甚多。会霍有恙，曾遭惨败之某国大力士觑机会已至，以举荐医生为名，用重金赂某国医生乘间下毒。霍不察，竟此殒命，闻者痛之。矮子肚里疙瘩多，阴谋杀人本其专长，独惜北人爽直，不能防微杜渐，以致惨遭非命，吾国国术界从此失去一健将，实为不幸之极。

马玉山与冼冠生

粤人马玉山擅制糖果，向在新嘉坡设肆经营，旋来沪上组设马玉山糖果公司。初在南京路东首赁屋两幢，营业殊不恶，继乃招股而大事扩张，迁至南京路福建路相近（即今天福南货号原址），自建层楼，高耸巍峨，外表颇壮观。未几又纠合沪绅，发起国民制糖公司，股本总额定为一千万元，先招四分之一，计二百五十万元。登报宣传后，沪人士鉴于糖业利权之外溢年耗甚巨，又鉴于制糖一业确为最重要的实业，且需要与消耗均多，此种绝大企业，谁不赞成？于是踊跃入股者项背相望，未期月而四分之一之二百五十万元已告满额。曾忆第一次假总商会开股东创立会时，拥挤一堂，后至者几无插足地，其盛况可知。不料为时未几，即闻董事会中各董事，因购买机器生财大生意见，内讧甚烈。后乃几经斡旋，总算消弭于无形，然经年累月延不开办，而所招之股本已大半消耗于乌有之乡。等到吴淞糖厂落成，糖机购到，已无余资开工。后再登报征收二次股金，然覆辙匪遥，应者寥寥。牺牲二百余万巨金之血本，结果只存一座厂屋、几部机器，殊为可叹！同时南京路之马玉山糖果公司亦因营业不振，宣告闭门。马氏溜之香港，遂一去不返，而执有每股五十元港币之马玉山公司股票，即等如废纸，一文不值了。社会舆论事后群谓，糖果公司基础未坚，过事扩张，并将股东血本半入私囊，置洋房、造花园，糜费不赀，一旦假面具揭破，周转不灵，就此破产。至制糖公司之内幕又为复杂，书之不尽。总之账目不清，视股东血本如同己产，任意挥霍，妄作妄为，此所以又一蹶不振，气息奄奄了。

二三年前，国民制糖公司各股东以血本攸关，迭假总商会召集开会，筹商补救方法。一面由工商部令行驻沪办事处，举行股票登记以凭清查，纷扰数月，后来仍无办法。每股已缴十二元五角之股票，又将步马玉山糖果公司之后沦为废纸，岂不可恨！

罪魁祸首之马玉山，波累几许股东，侵蚀几许财产，似应永居法权所不及之地，逍遥快活，挥霍无艺〔已〕。不料马已于去春客死梧州，临终备尝苦楚，而生前所攫的不义之财亦被马之亲友转辗侵蚀，所剩无几。此岂孔子所谓"悖入悖出"者非邪！

当马玉山公司鼎盛时代，粤人冼冠生氏集款只五百元，在南市九亩地赁平屋三间，制售陈皮梅及小包牛肉，规模极为狭隘。几年来惨淡经营，由小而大，迄今本埠分支和各埠分号均有多家，而"冠生园"三字也洋溢于社会，几至家喻户晓，遐迩咸知。且冼、马同为粤人，更同以其人名题公司，顾一成一败，其原因何在？大凡创业者，由小而大，能负责，能俭省，尤能时时顾全股东血本，则业务未有不发达，基础未有不巩固，反之也未有不蹈马玉山的覆辙。

还有三友实业社与家庭工业社两实业机关，今日社会人士但知其发达，而不知初创时代，三友与家庭范围均极狭小，且各仅资本数千元。嗣后由小而大，逐渐扩充，且经理得人，经营十数年，致有今日的成绩。可知事在人为，后之办实业者宜可以取法了。

赤脚财神

商界元老虞洽卿（和德）先生他老人家的大名，在上海社会上早已人人皆知，个个称羡了。可是虞先生当那童年学业时代，天天赤了双脚，束了布裙，盘了发辫，做人所不屑做的琐事，吃人所不愿吃的苦楚。等到后来，学问也有了，名誉也大了，信用也昭彰了，他的地位就此一天升高一天起来。可是在四十年前的虞先生，做苦学徒时代，哪知有今天的誉望呢？俗语说得好："吃得苦中苦，方为人上人。"这十个字，仔细想来，倒很有警策青年的深意。现在社会上呼虞先生为"赤脚财神"，就是他老人家的一双尊脚，幼年尝跣足步行，故有此称号。还有一位新近病故的五金业领袖项如松先生，他在蜡烛店里做学徒时代，也和虞先生吃差不多的苦，做差不多的事，后来也誉驰商场，全沪皆知。今虽去世，而项先生的功绩还口碑载道呢！

张聋聋

从前有一个专医伤寒病著名的医生，名叫张骧云，后来因为年纪大了，两耳聋了，人们索性叫他张聋聋，这张骧云的原名反而没没无闻。他老人家出名的原因，有两层缘故。第一，凡去求诊的人，都不计诊金的多少，如给他两毫小洋，或二十铜元，他都接受。倘使要请他出诊，不论路途远近，只要一只大洋。如有真正赤贫之流到他家里去求医，分文不给，他也按脉开方，不若别个医生专在诊金上斤斤较量，如路近若干、路远若干、拔号若干、舆金若干、早晚若干等种种区别。第二，他老人家心直口快。如人们患了夹阴伤寒，请他医治，他按脉问病后，先下一顿教训道："你们太快活了，生出这样尴尬病来丢脸，阿要难为情？"教训完毕，然后开好方，叫病人快去服药，不得迟延。但是说也奇怪，染伤寒病的，不论夹阴夹阳、重病剧症，经他一医，十有八九都会转危为安，慢慢痊愈。因此"张聋聱"三字的大名，社会上竟至家喻户晓，人人知道了。

他老人家日里在家应诊，一天到夜忙个不了。每天刚刚东方发白，病人已陆续而来，客堂里、天井里，甚而门房间里，必坐满了病人，候他诊治。等到开诊以后，连吃饭休息也没有功夫，故人家请他出诊，须到晚上才来。每到深更半夜，他才坐着一乘小轿，轿前挂起一盏灯笼，笼上黏一"张"字，轿夫快步如飞的异往病家去挨次医病，忙碌之极。

现在张聋聱老先生久归道山，曾经受他医愈的人追想起来，还有些念念不忘。

杀人不见血的刽子手

现在上海挂牌行道的国医，约共三千人以上。在那许多医生中，医术高明的、经验丰富的固属不少，而滥竽充数的也很多很多。甚或脉理未精、药味不熟，仅仅读了一册《汤头歌诀》，居然以国医自命。因此庸医杀人的新闻，在报纸上常常可以瞧见的。假使对方稍为强硬些，心又不甘，因之涉讼法院的，每年也有多起，岂不可叹！故沪人目此辈庸医为"杀人不见血的刽子手"，的确有感而言。人们患了疾病，倘使觅不到良医，还是服膺古训"不服药为中医"罢，以免枉送了宝贵的生命，才是道理。

姚天亮、苏鸡啼

沪绅姚紫若（曾绶）先生，性喜诙谐，又好交际，与人谈话，能使人掩口胡卢。姚先生又善饮，量也很宏，每逢宴会，必须饮到东方发白才告辞回府。后来姚先生的朋友都改叫一声"姚天亮"了，他也不以为忤，欢喜接受。从前时报馆广告部有一位陈先生（名却忘了），他也欢喜作夜游工作，而且兴致很豪，非天天玩到天明不归，故一班朋友也呼他"陈天亮"。这就是有其一必有其二。

还有一位创办民立中学的苏筠尚先生，也和姚天亮一样，每逢宴会，必吃到晨鸡高唱才打道回去，因此人们代苏先生起了一个诨号，叫"苏鸡啼"，也是这个缘故。

交际博士黄警顽

提起了"黄警顽"三字的大名，凡在社会上漏脸的朋友，大家都认识的罢！黄博士在商务印书馆不过做了一位招待处职员，在那外边和他认识的朋友，不但本部十八省区统有相识，即远至新疆、蒙、藏，黄博士都有朋友。他说，能知道姓名和常常通信的，截止现在为止，共有两万多人。他的写字台上，堆满着各省各友的信札和各人的卡片，不计其数，足见他交友广阔的明证。且黄博士记忆力也很强，无论什么人，初次晤面交换过卡片后，隔了数年再去会他，他即能道出姓名和职业，一点也不差。他两万多的朋友中，异姓少艾也不少，有慕名而来的，有托他谋事的，也有托他领导参观的，平均计算每天总有二三人。他有昆仲三位，博士居长，两位弟弟均已娶妻生子。他老人家才于去年和某女士在南京结婚，他的年龄已在四十以外了。

外国女律师

当七八年前公共租界之特区法院与临时法院尚未改组时代，名曰"公共租界会审公廨"，即俗呼"新衙门"是也。

当初审判制度为中外会审制，吾国律师能出庭辩护者殊寥若晨星。那时偶兴讼端，都请外籍律师辩护，而美国雷声布女博士亦在广东路组设事务所，行使其律师职务，此为外籍女律师中的第一人。

大包作头和小包作头

在海上建筑一批房屋或几座洋房，先与大包作头（即营造厂主人）接洽妥当，签订合同（即契约）后，即由该作头一手包办，建筑人无庸顾问。其他如油漆匠、泥水匠、铜匠、铁匠以及玻璃、砖瓦、钢骨水泥等等，都由大包作头自己分包与各小包作头，实行分工办法。故工程繁，工作很快，建筑人只须到了约期，按照合同所载验收房屋。倘使建筑不符或超过限期，也由大包作头负完全的责任。

粪夫之双料利益

上海滩上，不论哪一种物件，均可换易金钱，最没用的如破玻璃、碎布头、旧报纸、蜡烛油等，一概有人来收买，甚至肉骨头、乱头发也可换物。只有"造粪机器"造出来的粪，不但天天双手恭而敬之的完全奉送于粪夫，而粪夫每逢月底和四时八节还要挨家逐户讨取酒钱呢！粪夫的职业，虽为"臭生意"，而所得的双料利益实在是不少，任何职业远不及他，故沪市中由粪夫起家的已有多人。

现下建筑的新式房屋，都筑有抽水马桶的。倘使再过二三十年，全市的房屋一律改造了，均备有抽水马桶了，然后粪夫的大利才宣告破产哩！

生意和尚讨老婆

和尚只有禅门和尚与沙门和尚，从未有过什么生意和尚，况且既做了和尚，早已六根清净，五蕴皆空，哪有讨老婆、养儿子的道理呢？海上有一种僧侣，他们召集了同类十多人，租屋一二间，既无庙宇也无佛像，专门挽托熟识者介绍信佛人家去念经拜忏。他们和俗家一样，也娶老婆，也养儿子。作者前居唐家弄协志里时，适见对户光头僧侣辈出出进进，厥状甚忙，且有妇女在内。异而趋询其仆役，仆道："吾们是生意和尚，自己不修道，专替人家念佛，并且也照寻常娶妻生子呢！"

今年北河南路有一只龙图阁庙，因犯烟案被当局派探搜查，同时发现很多的少妇，这班少妇想也是光头的老婆了。

电　车

电车在马路上行驶，差不多已有三十多年了。起初的路线很少，只有一路和三路（即行驶靶子场到静安寺、东新桥到麦根路两线）。创始当口，所雇的开车夫训练未熟，毛手毛脚，因此电车肇祸时时发生。一般居民也少见多怪，相惊伯有，都不约而同的说道："趁电车身畔不可携带铜钱用品，以防触电危险。"等到风行了几年，这种幼稚的思想才算消灭。

后来法租界、华界都陆续铺设路轨，相继行驶。公共租界方面，除有轨电车外，还有一种无轨电车，最初行驶只天后宫桥到郑家木桥一段，每客只取铜元两枚。电车分头等、三等两级，没有二等者，不知是何取义。到了现在，人们已视电车为交通上利器，不论怎样荒凉僻静地方，只要有了电车通达，市面就会慢慢儿兴旺起来，荒僻区域即可一变为人烟稠密之地。

西人眼光远大，用大资本来做零碎生意。吾国短视的资本家都讪笑西人是傻瓜，以谓集了巨大的资本不去做大卖买，情愿做这种几只铜板的生意，岂不可惜？不知电车事业一经发达，永久立于不败地位，车价也可随时增加。生意虽说零碎，然积少成多，获利又很大。从前公共租界的电车收入每天不满一万元，现在已达到三万元以上了。

大家当心点

当电车和公共汽车乘客拥挤的时候，卖票人有时直着喉咙嚷道："大家当心点啊……"他嚷这句话虽不显明，其实就是叫乘客留心扒手儿光顾的意思。因为电车、汽车挤轧的时候，扒手就会乘机施行其敏捷快速的偷窃伎俩，更能使乘客不知不觉中失掉钱袋、时表等物。等到察觉，扒手儿早已鸿飞冥冥，不知去向了。据说在车子上行窃的扒手，他们也分段行窃，各守疆界，毫不混乱，且每天分早、午、晚三个时期，执行他的无本生意。

东洋车

最初马路上行驶的人力车都仿日本构造，车身很高，双轮用铁皮包镶，行路时隆隆作响。因为系日本式，故沪谚呼叫"东洋车"。后来黄包车产生（因车身是黄色，故名黄包车），车身比较低矮，人坐其中较为妥适，车轮用橡膏胎做成，行时声浪很低，起初都为有产阶级购作包车，故有包车之名。等到此种车子盛行后，原有旧式的铁轮东洋车，就逐渐归于天然的淘汰。

野鸡包车

通行马路上的人力车，计有两种：一种是车公司出租于苦力的，俗呼黄包车；一种是人家自己置备，雇用车夫拉的，叫包车。另外还有一种车子，是拉车人自己置备，抖揽客人生意的，这叫做野鸡包车。因为既不是包车与黄包车，只好加上"野鸡"两字了。

人们要雇用野鸡包车，或以月算，或以钟点算，都无不可，均先向他们讲定，或仅如黄包车的临时雇用一回也可以。

脚踏黄包车

小车和黄包车都属于人力车一类，还有前几年市上发现一种脚踏黄包车，形式比较普通黄包车低矮，车厢前面装置两车轮，上有座位，车夫高坐其上用双脚踏之，驶行很速。又因车厢低矮，人坐厢中很觉适意，但是车夫方面极为吃力，不如普通黄包车用手挽拉者可以借力。因此此项车辆驶行不多时，即归消灭，今仅偶一见之，为数已很少了。

黄包车广告

年来广告事业日新月异，常常有匪夷所思的新发明。至车辆上的广告，火车、电车和公共汽车施行已久，已为司空见惯之事。去年某某广告公司创办黄包车上广告，在车帐后面缀有纵数寸、横数尺之玄布一条，用白粉写之，颇为别致，又极显明。但一般商家多谓这种广告虽很触目，惟缺点在于车行过快，如走马看花，不易收相当效力，大都不愿登载。故黄包车广告自起初至消灭只半年许，今也成为过去的陈迹了。

不准两人坐车

公共租界与华界地方，如两个男子或两个女子合坐一辆人力车，可以安然通过，警吏不来干涉。惟法租界定章不准两人坐车，倘使冒冒失失的坐上，巡捕就要上前阻止，立刻驱逐下来。如果稍一游移，就拘到捕房里，处车夫以违警之罪。本年法租界东新桥街，越捕某甲干涉两女坐车，酿成一件开枪杀人的惨案，也是这个起因。

人力车夫苦恼

沪上的人力车夫，据最近调查，包括黄包车、小车在内，共有二万七千多人。考其籍贯，都属于江北之盐城、高邮、南通、靖江、崇明各县为多。工作的艰难、生活的困苦，为各业工人所无，全靠两手用力，两脚奔波，缺一不能，所得的微利，以维持其苦生命。前听某医生说，不论年壮力强的车夫，倘继续十年的拉车生活，没有不发生肺病和冒血而亡。因为天天在路上奔波，心肺早已震荡得非常厉害，故肺病和冒血也是当然之事。

车夫向车公司租车，又不能直接去接洽，须经过大小包工人之手，一转移间，租价就激增起来，现在每天须洋十三角有零。逢到大风大雨，乘客稀少，生意清淡，挣不到十三角以上，不特不能维持生计，一天就白白牺牲。假使租价不清，还要受车公司的辱骂和殴打。这种非人的生活，无怪社会主义家要提倡不坐人力车了。

可恶的车夫

　　拉车子的车夫全靠两脚奔波，自食其力，实在是劳苦极了。抱人道主义的慈善君子，深表怜惜。但是善良的车夫固可怜惜，而狡狯的车夫实在可恶呢！常有一班狡狯的，口里先含着铜质小银币，等到客人付给车资后，他将真银币藏过，吐出假银币来，硬逼着客人掉换。不掉换则揎袖攘臂，呶呶不休，你想可恶不可恶呢？故老上海人在那付给车资时候，当面嘱他看过优劣，要掉就掉，他才无法施行狡狯伎俩。

电　影

中国的电影剧，现在总算发达极了，不过比较欧美各国，还在幼稚时代。电影公司现在已有十几家，电影院也有三四十处，且从无声剧进而为有声剧，骎骎然有打倒平剧及其他戏剧之势。

但是回顾二十年前的电影，只有外国剧。最初，作者在福州路青莲阁茶馆对门一家范围极小的影戏院里去过一回，每张戏券只售铜圆十枚，顾客都是短衣跣足的下层民众。以后每到夏天，泥城桥外有演露天电影者，每位只取小洋一毛。那时候所映的都是外国侦探长片子，一本影片必接续连映至十多天或二十多天，才告完结。

后来苏石痴在法租界吉祥街（现在中国影戏院地址）开设民兴新剧社，因欲加增观众兴味起见，每晚新剧完毕，加映中国电影二三幕，此为中国电影剧发现之始。不过那时间吾国并无电影公司，都请外国公司代替拍摄，扮演人物就是民兴社的演员。

到了民国七、八年间，张石川创办明星公司，但杜宇创办上海公司，才有自摄的电影开映。明星的《孤儿救祖记》、上海的《古井重波记》两片，很受观众所称誉。《救祖记》的主角是王汉伦，《重波记》的主角是傅文豪，今王已改业，傅已隐居，在银幕上不能再见王、傅两女士的色相了。

一说明星开映《救祖记》前，还有一本《张欣生》影片最先开映（《张欣生》即弑父惨事），究竟孰先孰后，已记忆不清。

舶来品的有声电影开映迄今，差不多已有五六年了。中国电影公司起初因资本薄弱，人材不够，不敢贸然拍摄，只好眼看外商赚钱。直到去年，才有天一公司开摄慕维通有声影片，明星公司也继之而起，名称"四达通"。不过收音等人材，起初都聘请西人担任，现在才有华人自己收音。

明星公司在未曾拍摄片上发音之前，先用蜡盘收音（仿留声机办法），拍摄《歌女红牡丹》《如此天堂》等片。惟因蜡盘收音之故，发出来的声浪和剧中人动作往往有脱落参差之弊（友联公司也仿效明星蜡盘收音摄过一本《虞美人》片）。

两年以前，还有海宁路一家新爱伦影戏院门口，钉着一块白布横招，大书"本院开映第一发明国产有声影片"。起初开映时候，居然能哄动一时，座客常满。其实一究它们内幕，所谓国产有声影片者，非是蜡盘收音，也非慕维通、四达通等片上发音，却是一人躲在幕后，依照演员动作怪声怪气的乱叫一阵，某报斥为鬼腔鬼调，仿佛相近。吾说："能想得出新花样，占先一着，总算是他们的小聪明。"后来这鬼腔鬼调已戳穿了，观客都裹足不往，他们才歇手。

现在电影公司虽有十几家，可是最著名的，只有明星、天一、联华三家而已。

各公司的出品都标着"国产"两字，实则影片中一切原料和演员的化装品大半是舶来品，每年漏出的金钱实在不少。"国产"云云，仅男女演员的本身确是中国的出产品，不过处在生产落后的中国，要叫电影公司改买国货原料，在势也有所不能罢。

电影虽是娱乐品，也是社会教育之一。选取剧材，编辑剧本，须加以审慎，不可忽略从事。譬如有一本良好电影开映，在观众方面，多少总可得到一点益处。倘使无价值的电影，又必予观众得到恶劣的印象。征之前年阎瑞生谋杀莲英的惨剧观之，实为不虚，因阎瑞生的一切举动，都得自外国恶劣片子的影响。

吾国的地位是次殖民的地位，在理应多编些兴奋民族性和改良社会的作品，警策观众，借此以唤起垂死之国魂。奈影片公司多不注意于此，一味利用社会的弱点，专编不是神怪剧便是爱情片。试问这种片子适合社会教育么？能警策观众么？

公司老板但求片子的卖钱，其他都不顾及，因此在某一时期盛行过一种荒诞不经的武侠片子，实则专以驾雾腾云、互斗法术为事，而于真正"武侠"两字也离题千丈了。又试问这种片子，究于社会教育有丝毫的益处吗？

现在这种荒诞不经的片子已慢慢落伍，总算电影前途的好现象。不过新出的片子，仍多描写男女两性之事为主，如果要看兴奋民族性和改良社会的作品，仍旧是很少。

杂 耍

杂耍一类的玩意，向来不登大雅之堂。自从游戏场盛行以来，杂耍的地位就慢慢的提高起来，到如今，已和舞台剧、电影剧隐然有鼎足而立之势。

杂耍的种类，如大鼓、宣卷、口技、提线戏、独脚戏、双簧、魔术、苏滩、本滩、搭腔戏、搭头戏、宁波戏、打棚戏等种种分别，真是五花八门，花样繁多。且苏滩中又分昆腔苏滩、化装苏滩、便衣苏滩之别，魔术中也有新、旧和大套、小套之分。业此者，更顺着潮流的变迁一项一项的随时加出来，实在记不胜记。

露天舞台

爱多亚路一带地方，每到夕阳将下和日落黄昏之际，常有衣衫褴褛、烟容满面的仁兄，先用粉笔在水门汀上满涂着飞白大字的台名及剧目，复加以不二不三底化装，就可开始唱戏了。嘴里一只破喉咙，哼着不三不四的腔调，如"一天过了又一天，心中好比滚油煎"，"孤王酒醉桃花宫，韩素梅生来好貌容"，"欺寡人"等《文昭关》《斩黄袍》《逍遥津》一类的戏词。围拢来的听客以下层民众为多，等到一曲唱罢，再打躬作揖地乞求听客随意给钱。得钱后，如听客不走散，再来一个也是常有的，亦有暂时闭幕，停歇再来演唱。这种顽意就叫"露天舞台"。

露天旅馆

一班穷朋友们，到了炎天暑热时代，因他府上只有一间鸽棚式的卧房，杂居四五人、七八人或十多人，夜间实在不能睡眠，往往挟了一条草席，在那马路旁边水门汀上当众露宿。有独自睡的，有二三人合睡的，也有携了儿女同睡的，凉风习习，快活非凡。这种露天旅馆，到了夏天竟至到处皆是，随地可以瞧见。不过做露天旅馆的旅客，身体强壮的还不要紧，体质衰弱的只贪一时凉快，到了夏去秋来，一场温病结果了穷性命的也很多很多，岂不十分可悯么？

夜花园

从前游戏场尚未创设时代，每到暑夏，必有夜花园之产生，地点在那徐家汇路康脑脱路一带荒凉区域。园里面的组织极简陋，不过架木作柱，支席作顶罢了。园中的顽艺，也只有新剧戏法和几种杂耍而已，售卖的东西倒反很多，如汽水呀、糖果呀、啤酒呀、白兰地呀、色白大菜呀，莫不应有尽有。每夜开放时间，从夜午一点钟起到天亮为止。一般时髦的男女朋友，居然相与偕来，情话连绵，快乐陶陶。更有狎客荡妇、旷夫怨女，借避暑为名义，实行其桑间濮上的勾当，借蔓草为战场，互相比赛，为数也不少。等到暑去秋来，乐极悲生，一场伤寒，就此结果了性命，同作屈死鬼，岂不可叹！后来游戏场崛起后，这种夜花园方才淘汰尽净，然几年来的害人数量已不在少数了。

打倒狮子金刚

从前人们所用的牙粉，除了土制的乌贼骨屑外，大多数统用日本出品的狮子牌和金刚石牌几种。牙粉虽属小品，而需用很广，日本人却用全力来经营，每年贸易总额要达千万元左右。年年利权外溢，不可计算。

杭县陈蝶仙先生（别署天虚我生）有鉴于此，在那十五年前组织家庭工业社于西门内静修路，发售无敌牌（取天下无敌之意，商标上绘以彩蝶，语含双关）擦面牙粉。起初开办时规模很小，雇用少数工人，陈先生自充技师，夫人、公子、女公子辈充任男女工和助手，勤勤孳孳，自强不息。明年适逢"五四"一役，民众群起抵制劣货，购求国产，而无敌牌牙粉的荣誉就此蒸蒸日上，一日千里。

牙粉以炭酸镁为主要原料，此货又产于日本，且价值很贵。陈先生又自行制造，不受他国居奇操纵，而无敌牌牙粉却为纯粹的精良国货，它底声誉就此日增月盛，全国皆知，向来用惯狮子、金刚者也都改用无敌牌牙粉了。

家庭工业社从几千元小资本做起，今已扩充到数十万元了，从三四种牙粉做起，今已扩充各种化妆品和药品到数百种了。向来横行市上的狮子、金刚早在打倒之列，更可知空口乱嚷"打倒打倒"是无益的、没用的，必要想出一种实业来救国，才可以达到打倒底目的。

各业最多地点

海上各种商店，不知怎样，都有聚集在那一块地方的，如石路之南是衣庄店，石路之北是桂圆店，咸瓜街是药材行和参茸店，九江路中段是民信局，十六铺口和老闸桥堍是鲜果行，正丰街是戏衣店及伶人所用的家伙店，宝善街是鞋袜店、笺扇店，望平街之北是帽子店，棋盘街和福州路是书坊店与笔墨店，三茅阁桥是呢绒店，北京路和黄浦滩是银行，宁波路和天津路是钱庄，十六铺南和新闸桥是米行，十六铺外滩是木行，南京路是钟表店和银楼，昼锦里是化妆品店，小花园是女鞋店，南市豫园是象牙店，民国路是海味行和水烟行，小东门是鲜鱼行，南市里马路是陶器店，北四川路和霞飞路是西服店，北京路是西式木器店和旧货店，二马路是颜料店，抛球场和小东门新北门是皮货店，天潼路是蛋行。

天禄之推潭仆远

市上各店铺之青龙招牌和堂匾均用四字为多，最普通的如酒店必书"太白遗风"，绸缎店必书"黼黻文章"，镶牙店、银器店必书"巧夺天工"，纸货店必书"蔡侯遗风"，酱园店必书"鼎鼐调和"等等。望文生义，使人看了匾字即知为哪一种商店。惟浙江路天禄茶食店内，悬一横匾曰"推潭仆远"，且为已故行政院院长、鼎鼎大名的书家谭延闿题写。这四个字的来历，未经说穿，一般新学家往往要搔首踟蹰，莫名其妙。

其实此四字的来历，出在《汉书》上，它的意思是甘美酒食之意。但天禄只卖茶食糖果，并不卖酒，于义也觉牵强。不过出于大政治家、大书家的大手笔，只好赞扬他题得深奥确切了。

饭店弄堂

九江路（俗呼二马路）外国坟山相近，有一条弄堂，一面通南京路。这条弄里一共只有三四十家铺面，而饭店却占去十多家，且一律都叫"正兴馆"，不过加上一个"老"

字、或"真"字、或"起首老店"等区别，招牌上必有一大"饭"字，是表明他们专做吃饭生意的。所定菜价，比较别家便宜，又用小洋和钱码计算。他们的菜肴，如炒圈子、炒秃肺和咸菜烧小黄鱼、竹笋炖咸鲜肉是最著名的。一般经济朋友因为价廉物美，都趋之若鹜，而饭店弄堂也因此大大的出名了。

现因该处翻造房屋，改建大陆商场，故今饭店弄堂已消灭于乌有，仅为历史上的陈迹而已。

荐头店

苏锡人开设的荐头店（也有非苏锡人开的，不过很少），每条路上总有一二家，他们的职务是介绍男女佣工到人家去做工。女佣中如烧饭娘姨（沪谚呼女佣曰娘姨）、梳头佣、奶妈、小大（大字读若度）姐（即未成年之童工），男佣中如烧饭司务、出店。不过事实上介绍女佣为多，男佣则很少，不过应个景儿罢了。

他们的铺前都标着某姓荐头店的招牌（如张荐头、李荐头、王荐头之类），也有不标某荐头而书"男女佣役介绍所"的，旁边并有八个小字："至亲好友，无保不荐。"但是佣工的保人不须现洋担保和铺保，都是工人自己甲保证乙、乙保证丙的口头担保而已。

人们要雇佣工，先到荐头店去关照需要哪一项工人，他们就会送到。送到当口，先给荐头车资二百文（也有给小洋一毛或两毛者，普通以二百文为多），试用三天后，荐头再来接洽。倘使双方合意，然后面议工资，作为定局。譬如每月工资五块钱，工人方面给二成洋十角，主人方面给三成洋十五角与荐头，以作介绍之费。此后或做工几年，或只做几月，都和荐头不涉，惟工役犯了窃盗等情，那荐头须负责料理。倘使送来的工人彼此不合意，未到三天即可掉头而去，只给予几个钱即算完事。

开设荐头店的老板，大多数是一夫一妻，故叫荐头店为夫妻店，也于义相通。

店员之三副面孔

开了商店，全靠买客来交易，才可生财，才可支持，从无一家店铺没有买客上门可以获利而持久。商店老板雇用店员，是专门招待买客为职责的，故买客实为店主、店员的衣食根基。倘使一家店铺天天买客稀少，生意清淡，结果不是关门，定是破产。

店主、店员和买客的关系如此其重要，在理店员先生对付买客，不论大小生意，应一律和颜悦色、竭诚招待，才可问心无愧，尽其天职。不料现在的店员，对付买客却分出三副面孔。哪三副呢？第一是晚爷面孔，第二是轻薄面孔，第三是谄媚面孔。如对于乡下人或衣服朴素之辈，却似理非理，装出一副十足式的晚爷面孔来。他们以为乡农和穷人都是起码户头，有不屑招待之意。实则衣服朴素不见得尽是穷人，乡农也有大买客在内，哪可以皮相取人呢？

第二对于花枝招展、衣饰华美的女客们，他们才一变其晚爷态度，两只老鼠眼式的眼睛笑迷迷的有问必答，有言必尽，甚有扯谈乱道，嘻嘻哈哈，手舞足蹈起来，此非轻薄而何？

第三对于衣服华丽、仆从如云的漂亮大老板或大绅士，他们又打躬作揖，掇臀捧屁，无微不至了，这种行为非谄媚而何？

还有对于普通买客，或拣选不对，或论价不合，因此未能成交，临走的当口，他们必扳起面孔，白眼相加，甚有暗骂"屈死猪猡"，撮口作"嘘嘘"之声以逐之。店员先生的变态如此，所谓一店的主人翁和大经理又垂帘高拱，大搭其臭架子，而不暇注意和矫正了。

上面所说的店员先生虽不是家家如此，倘使严格的调查起来，倒不在少数呢！

试看东邻的矮子商店，对待买客何等谦和？不论大小主客都一律看待，因为今天确是小主顾，下次变了大主顾也未可知。买主上门拣选货色不论怎样繁多，结果仍旧一文不交易，他们依然和颜悦色，殷勤送别。作者非敢炫人之长，暴己之短，因欲一般侮慢买主、惯使晚爷面孔的店员先生作为一种攻错的改善、观摩的标准。

理发店门前之三色棍

市上各理发店门口，必装置短而圆的三色棍，有一根的，也有两根的（分左右排列）；有呆板不动的，也有中燃电火如风车般旋转不停的。这个东西究竟是什么用意？问问理发师，都说"市招"。其实此三色棍，倒有很深远的历史。

当租界初辟未久，法国人首先开设理发所，专替法人剪发修面。因法国习尚侈丽，竞事装饰，故法国人的理发所开设独早。他们特在门口装置一两根三色棍，是代表法兰西的国旗所用。等到民国肇建，人们都除去发辫，从事剪发，而各理发店的装饰也焕然一新，触人眼帘的三色棍亦家家装置，已和剪发用的刀刷、店门口的玻窗一样的重要了。

不过现处"党国"时代，应将三色棍改为青白棍才觉相宜。可是理发店里老板囿于见识，仍旧一律用三色，未免太觉有些法国化。

砂锅馄饨

五年以前，爱多亚路有一家大中楼菜馆，首先发明了一种砂锅馄饨。刚出世时生意却很好，楼上楼下，天天有客满之盛。后来同业中瞧得眼红，就纷纷仿效起来，又加上了许多佳名，如凤凰馄饨、鸳鸯馄饨、神仙馄饨之类。砂锅馄饨究竟是一样什么东西呢？是裹好了元宝式的大馄饨，用鸡和鸭双拼而成，放入一只砂锅内。起初的当口生意是好极了，大有应接不暇之势，因为上海人向有一窝蜂的心理，只消一人提倡得法，包管你声气相通，如潮而来。

后来上海人的胃口吃腻了，对于当初竭力欢迎的砂锅大馄饨，就此唾弃不食，如秋扇之见捐。菜馆老板知道风头已过，也就此偃旗息鼓，不再出卖了。

菜 饭

六七年前，六马路同春坊弄里一家灶披中开了一爿菜饭店，门口用红纸写"杨记"两字，代表他的店号。店主人确为杨姓，是苏州人。菜饭原料，用青菜、猪油混合煮成，又香又鲜，外加交头，每碗只售小洋两毛。起初的交头不过排骨、排四、四喜、脚爪几种，因为价廉物美，生意很好。

后来这种店铺越开越多，且都正式租屋开张，装璜也很华丽。菜饭的交头也添了不少，如红鸡、酥鸭、酱蛋、双拼（如一块排骨、一个酱蛋之类）等等。又有几家，每碗菜饭附送清汤一碗，故一般经济朋友都趋之若鹜。

现下同春坊房屋早已翻造了，最初发明菜饭的杨姓朋友不知乔迁到哪里去了，小小一种生意也不免使人兴沧桑之感。

天天大廉价

市上有一种商店，常年雇着一班音乐队砰砰彭彭的乱敲乱吹，并且贴着很多触目的红绿纸条，大书"大廉价""大减价"，也有写着"十周纪念""五周纪念"和"关店拍卖底货""不顾血本""非常大廉价"等种种动听标语。其实他们的宝号开创到今，还不满一两年辰光，哪有五周、十周的纪念呢？又一面嚷着关店拍卖底货，实则他们的宝货都从后门运进来，故天天说关店拍卖，可是天天做着好生意，而且这爿宝店也永远不会关门的。况且他们一年三百六十日天天举行大廉价，天天雇着鼓吹手，平空加添了一笔开支，你想这种廉价宝货还有平沽的诚意么？

接方送药、代客煎药

自从徐重道国药号创办接方送药和代客煎药后，一般在客旅中的患病人都感着不少方便。譬如看了病，开好药方，不需自己到药铺去购药，只要打一个电话，他们就马上派人来拿取药方，配好药剂，仍旧送来，只给药价，不另取资。倘使叫他代煎，只取煎费一角，煎好后装入热水瓶里，派人骑脚踏车送到，可谓便当之至。不过徐重道创办此种新章程后，继起者已有多家，惟牌子最老的蔡同德、童涵春、胡庆余等还未实行。

兑换铜元

各烟纸店除出卖烟纸杂货外，而兑换一项，也是它们的主要营业，且转辗之间所得的盈余比较烟纸来得多，故一店生意的盛衰全靠兑换的多寡而定。

有些不道德的店铺，暗中专门收进新辅币（即银少铜多的新角子）和劣辅币，陆续搭出，这个赚头就大有可观了，因为新辅币一块钱能换三四十枚。他们只知道非法的赚钱，害人与不害人都置之脑后了。

还有一种地近电车、公共汽车站的烟纸店，他们的市牌上明明标着双角（即四开辅币）换铜元五十枚。他们瞧见你急匆匆去兑换，就暗中扣去数枚，等到跨上车子数一数，只有四十七八枚，或仅有四十五六枚，也是常有的事。你如要和它找补，而如飞的车子已驶去不少路程，更且中途也没法跳下，只好隐忍吃亏。故老上海人在铜元到手之后，不慌不忙的数一数，如有短少当场找补，才免吃亏。

烟纸店的兑价

市上各家烟纸店对于兑换的价格，大都各自为政，参差不一，从未有一家相同者。最小和最多的，常有相差到三四十文或五六十文不等。譬如甲店挂牌每元兑换铜元二千七百文，乙店可兑二千七百三十文，丙店又可兑二千七百五十文，诸如此类，早已相沿成风。其他如小银元换铜元，或大银元换辅币，都是如此。逢到节边或年关相近，其兑价更忽然降低至百文以上。开岁五天之中，更不挂兑牌，人们前往兑换，他们必随意减小，兑换人只好大吃其亏，也没法和他争论。

同业嫉妒

同业嫉妒，各各排挤，也是吾国商人的恶习和小器。从前线袜还未盛行时代，广东路（即宝善街）上为出卖竹布袜的集中地。那时有两家同招牌的宏茂昌，为了一块招牌彼此兴讼，大打其无聊官司，更大家请准官厅给示谕禁，不许他人仿冒。不过两家都有官厅的煌煌告示，又都说一百多年的老店，店门口还挂着半块破招牌，表示他老店的铁证。但是究竟哪一家是老店，哪一家是假冒，吾们局外人实在莫名其妙，只好说一声"天晓得"。

其实只要货色好、定价廉、招呼周到，久而久之，主客自会上门，生意自然兴隆，何必一定要在"宏茂昌"三个字上奋斗。如果你们货色好，定价廉，招牌改为"宏茂昌""锦茂昌""宏茂大"，都不要紧。然而它们概不计及，情愿将雪白大洋钿往官厅里送，真是何苦！

后来等到线袜盛行后，布袜渐渐落伍，这两家宏茂昌的煌煌告示和挂在门口的半块破招牌方才撤去。

既属同业，宜大家互相维护，才是正理，即使有竞争，须着重在货色与招待两方面注意。倘不此之图，专斤斤那一块死招牌上用功夫，适足表暴自己的弱点和无意识。

小儿回春丹

慈溪徐某在广州地方开设一家"敬修堂"药铺，并制合一种小儿回春丹，据说能医小儿百病的。起初委托南京路抛球场老方九霞银楼寄售，后来全市的大小银楼都有寄售了，铺前贴有纸条，上写"本楼寄售敬修堂小儿回春丹"字样。

徐某系慈溪人，开设银楼的主人翁和经理先生也多慈溪人，有此一层渊源，故各铺也乐于寄售。现在人们要购回春丹都向各银楼去买，而各药材店里专备的回春丹反少主顾去交易。

华成公司之股票

华成烟草公司成立在"五四"以前，创办之初规模很小，资本也有限，每股票面只洋廿元。当时竭力怂惠各烟纸店认销，该公司立意，倘烟纸店老板和经理购得华成股票后，必肯竭力推销该公司的出品，实为法良意美之举。等到"五四"一役，民众方面群起抵制外货，因此华成出品的美丽牌、金鼠牌卷烟一日千里，日增月盛，十余年来已获利无算，大有打倒英美（英美烟公司）、抗衡南洋之势。到了现在，每股廿元之股票票价已涨到一二千元左右，还无处购买，其营业的发达、基础的稳固，为其他烟草公司所望尘不及。

达仁堂的死算盘

普通商店所用计核银钱的算盘，大都是活动的，可以移来移去，只有南京路望平街口乐家老铺京都达仁堂药店所用算盘，系嵌入柜台上面不能移动的，此可谓特别算盘了。该店由北平分此，据说那边商家都用此种死算盘。作者虽曾两次北上，惜匆促间未曾留意，是否如此，还待证实。

保　险

保险事业也是现下最发达的生意，其中名目很多，如保火险、保水险、保人寿险、保货栈险、保汽车险、保意外险，至今年又有人举办保玻璃险（即保各大商铺之玻璃窗险）。现在名目虽多，比较欧美各国有保喉险（即保唱戏唱歌者）、保手险（即保打字为业者）、保脚险（即保跳舞者）还相差甚远。保险业创自泰西，故从前营保险业者多为西人，利权外溢，不可胜数。近年以来，华商方面鉴于利权之损失，才相继创设保险公司，与外人努力地竞争了。

人蜡烛

商店里的伙友们，每年到了暑热时间，欢喜赤了膊站在柜台里面，或应酬主客，或和人谈话，怡然自得，不改其乐，对于女顾客们，他也老不回避，照常接待，因此西人讥笑赤膊伙友为"人蜡烛"，实有侮辱意味。但是平心而谈，无论怎样酷热，一件半袖汗衫总可以穿着，何必一定要赤膊露体，遭人讥笑呢？作者很盼望今后的伙计先生（不赤膊者除外），大家自重一点罢！不要再蹈以前的恶习惯，免得外人挑眼儿。

男女翻戏

翻戏（即翻门槛）的手段，真高明之极了。不论推牌九、掷骰子、扑克、麻雀和一切赌博，他们都有绝大的手术、圆活的交际，能使你不知不觉中，情情愿愿，大输大败。这种翻戏，无论男女，专讲修饰，衣帽又漂亮，袋内也麦克麦克。初见时候，意为必贵介公子和闺阁名媛，故能在社会上诱惑意志薄弱、经验不足的洋盘和阿木林（沪谚目门槛不精之人）相与聚赌，以攫取人们的金钱为他们的衣食饭碗。间有门槛极精的人也会上当，因为翻戏的手段高妙，被他迷住了心灵，一时也瞧不破黑幕中的玄机。

上面所说的翻戏，只从赌博方面着手，还有从女色和其他种种事情都可翻你一翻。它们又因人而施，并不指定赌博两字，不过赌博比较的容易使人入彀罢了。

翻戏又有大小两种，大的做大勾当，小的做小把戏，大的几万块、几千块的进益，小的几百块、几十块的都要。他们满布着天罗地网，引人上钩，以遂他害人利己的目的。

倒棺材

这个倒棺材，并非现在北方流行的挖掘古墓惨剧，是一类诈欺的赌博（也是翻戏一流）。他们的生财器具，只有一只活动式的小板桌，一条毛巾，一个雕空小木盒，两块梅花和人牌，显出一黑一红的颜色。他们又熟练好的手技，在那桌面上翻来覆去，很为纯熟。

开场时候，先由同党伪充赌客下注，一般瘟生寿头阿木林走过这边，瞧见只有梅花和人牌两门，又见假赌客赢钱很容易，一颗贪心怦然而动，再经旁边的假赌客撺掇，于是加入下注。下注时清清爽爽看他摆进去是一只人牌，不料开出来已变了梅花，就此越输越僵，必至囊中所有的金钱尽入他们之手而后已。更有输完了现款，再向假赌客借本下注，以图背城一战，岂知结果仍旧扑了一个大空，而所借之债，他们又如狼似虎的凶狠，立逼你还他。末了，非将身上穿的、头上带的，一箍脑儿送给他不可。这类把戏就是"倒棺材"。

更有不用牌具，用两根竹爿，一端漆红色，一端漆黑色，作为替代梅花和人牌之用。此等诈欺取财的赌博，现在内地各城镇也时有发现，这是他们出码头放生意呢！

跑老虎当

市面上靠跑老虎当混饭的人也有好几百，他们的目的，专向旧货摊上、各小押店收买各种衣服首饰、珠钻宝石。买来后，改造一次，修饰一回，然后分遣徒党到各大典当去当钱，朝奉先生偶然失察，就要吃他们的亏。譬如有一样东西卖价只值五块钱，进了典当反当了六七块，这岂不是当价超过于卖价么？

他们当了以后，还将质券交于同行（即出卖质券人），又可增加一些进账。贪便宜辈买了质券，加利去赎出，这个亏就移到贪便宜的身上。但是一经赎出，瞧着不对，仍要照原价当进去，那朝奉先生已不能奉命了。

到了现在，西洋镜已经拆穿，当里的朝奉很不易受愚，贪便宜买质券的人也愈弄愈少，因此跑老虎当者收进易，脱手难，故混这碗饭的人目下已不如从前的多了。

倒冷饭

上海各商店的膳食，因图简便起见，大都向包饭作预定，每日三餐按时挑送。等到收取空碗时候，早有一群叫化伺立门前，倒取剩饭残肴，名曰"倒冷饭"。收碗的朋友不敢和他争论，听凭各叫化蜂拥而来，翻桶（饭桶）倒碗而去，因为丐徒只取余沥果腹，例所不禁。并闻丐徒也有一老丐统率，他们均尊为爷叔，而且分段实行，各守疆界，绝不侵犯。他们也有规矩，只准倒取已食后的残余，不准强取未食时的饭菜。倘使误犯了，爷叔老子就要用丐法（老丐自定的法律）来处治，不稍徇情。每次倒取之物不论多少，先行奉呈爷叔，再由爷叔分派各丐充饥。倘未经过此项手续，一经察出，又要执行他们的丐法了。

小书摊

摆设在墙壁上的小书摊，他们发售的各种小书，都属于《十八摸》《卖橄榄》《孟姜女寻夫》《花名宝卷》和《致富全书》《房中术》等一类，还有各色连环画。小书上的鲁鱼亥豕，连环画之印刷恶劣，在在不堪寓目，且字句之中也都鄙俚肤浅，似通非通。然而一天到晚，很有主顾前去交易。

不过小书摊上的主顾，大都属于一知半解之辈为多数，程度高一些的民众却少见得很。它们的小书除出售外，还可以向它租看，像现在的小说流通社一样，不过办法有些不同罢了。

水门汀上告状

马路两边水门汀的人行道上，常有自称落难文人，用白粉笔写了许多乞怜话以求路人布施，而且字迹端楷，文理通顺，也有完全写英文字以冀熟悉蟹行文字的朋友和外国人底哀怜。有人说："既然有了一手好笔墨，拆拆字、写写信也好度日，何必出乖露丑，乞人怜悯呢？"又有人说："这是他们做生意的一法，哪肯弃行不干呢？"

还有预先用白纸一张，写好落难的经过和不得已而求乞，希望路过君子哀怜布施。这种告状式的求乞，男女都有，更有同了一群小孩跪地哭泣的。这其间真正落魂异乡的人未尝没有，不过是少数而已。

拉一把

人们坐了人力车，经过苏州河一带的盆汤弄桥、天后宫桥、老闸桥、垃圾桥，车子刚上桥塳，常有蓬首垢面的乞丐一手握住车杠，口里嚷道："拉一把。"等到拉到桥面，他就伸开五指索钱，并道："老板，一只铜板小意思。"唠唠叨叨，絮聒不休，倘不给铜板，他又撅着嘴叽咕而去。如系女流，不给他钱，常常破口谩骂，出言污人。他们有壮丐，有小丐，还有女丐，每天早晨七点起至晚上一点止为他们规定的工作时间。

专做外国生意的乞丐

乞丐，沪谚谓之"瘪三"。说到瘪三，他们也分帮乞讨，如沿街募化咧，桥面拉车咧，顶梢乞钱咧，地上告状咧，形形色色，到处可以瞧见的。还有一种乞儿，既不沿街募化，也不桥面拉车，专门鹄立在各大百货公司和各银行门口，瞧见西妇出门，他就立正行了一个深鞠躬礼，口中"密斯"长、"密斯"短一阵唠叨，得了钱始逡巡而去。这种乞儿居然能说几句洋泾浜话，能够在外国人面前用一些儿功夫，倒是一位未来之外交家。呵呵！

赶猪猡

人们在路上行走，常有乞丐跟随后面索钱，絮絮不休。每到夏天，他们都手持一柄破蒲扇，在后面替人扇风，倘不给钱，必跟踪不已，沪谚目此辈乞丐为"钉巴"。他们也有隐语，名叫"赶猪猡"。每天工作完毕逢到同道中人，互相询问道："今天赶着几只猪猡？"人们给了钱，还得了一只"猪猡"头衔，岂不可恶么？

杀猪猡

到了冬季时候，必有一班流氓地痞，或三四人合一群，或七八人为一组，手拿着利刃手枪（也有拿假手枪的），在那荒僻冷静地点候着。遇有踽踽独行的人，他们就突然围拢来，将你身上衣服、囊中钱钞一箍脑儿的抢去，只剩了一身单衣，然后纵你回家。倘使不愿被抢，稍予挣扎，他们就毫不客气地使出野蛮手段来，或戳你一刀、放你一枪，甚至死于非命的也有，这就叫做"杀猪猡"。

天气越冷和年关迫近的时候，杀猪猡的凶剧越是发生得多。二三十年前不但无此类把戏，也无此种名目，但是到了现在，已成为司空见惯、无足惊异的惨闻，也是世道日非、荆棘满途的象征。

拿开销

每逢红、白（即喜事、丧事）两事和新店开张之际，近处的游民（他们自称本街弟兄）必来讨取喜金和酒资，名目叫"拿开销"。至数目的多寡，没有一定成规，要看做红白事的人家场面大小怎样、店铺范围怎样和给钱人的手面怎样而后定。这种不正当的老规矩，沿到今日仍旧不能革掉，倘使一钱不给，他们不但啰唣不休，并且预备种种恶作剧的事来对付，能使你焦头烂额，哭笑都非。

讲斤头

人们或做了一种违犯国法之事（如聚赌、贩土等等），倘使被白相人知道了（白相人即流氓），就要和你过不去，进行他们所谓"讲斤头"生意了。小事情轧到你茶馆里，大事体诱到你旅馆里，双方大开谈判。谈判结果，须拿出大洋钿来开销开销，才可平安无事。倘使当事人挺硬，坚决不肯破费分文，他们最后的对待，不是剥去你衣服，定必毒打你一顿，才一哄而散。

赏光券

戏园子里的案目（他们自称接业）朋友，每年到了年节边，他们必向熟识的主顾兜销一种"赏光券"，券上的价目比较定价必增多一倍。譬如该园戏价，花楼花厅每位一块钱，赏光券上必增加两块。老主顾情面难却，只好认购若干张。此种风气沿习到今，已历多年。其实什么赏光不赏光，拆穿说之，就是打抽风而已。

海上戏园规矩，人们去听戏大都由案目引导，鲜有自己买票的。如稍有声誉和场面阔绰之人，对于戏资不须现付，只要写明姓氏、住址交给案目，过了几天他们自会来收。这样几回一来就认识了。当场不付戏资，便当是很便当，漂亮又很漂亮，不过到了年节边，几张含有抽风式的赏光券就要送进门来，不怕你不答应。

戤牌头

社会上经营一种违法的生意（如烟馆、赌场之类），必有一戤牌头人代替撑腰（又叫撑头，即保镖之意），才可平安无事。做撑头人，在社会上必具着相当的潜势力才可担任。否则撑头不硬，一天有了事故，弄得坍台和鸭尿臭的也很多哩。常常听见甲、乙两人相骂起来，甲道"你戤啥人牌头这样吃斗"（沪谚谓凶暴之意）的一句问话。

兜得转与跑得开

吾友瞿绍伊律师说，在上海立脚的人，上中下三等人物都要有相当的交情，做起事来才能够兜得转与跑得开。这句话的确是经验之谈。所说上中下三等人物，像那达官巨绅、社会闻人、律师、医生和警捕侦探及白相人等，概须认识几个，偶然触起煤头来，才不致意外吃亏。因为谋食海上，无论如何小心谨慎、安分守法，常有"闭门家里坐，祸从天上来"的是非，到了那时，才知兜得转与跑得开之可贵呢！

绑 匪

前几年绑票刚刚发现时候，只有嵊县一帮，现在差不多已有十几帮，如山东帮、淮扬帮、浦东帮、太湖帮等分别。且大帮之中有中帮，中帮里边分小帮。帮派既多，人数又众，而资产阶级的富翁更觉栗栗危惧，不能安枕了。

据说，大帮的组织十分完备和严密，破案很不容易，报纸登载的已破各绑案都属于中帮、小帮一类。

白相人嫂嫂

社会上有一种妇人，人们暗地里都唤她一声"白相人嫂嫂"。究竟这种妇人是怎样一等人呢？就是能够在社会上兜得转、跑得开，而且又能说话，又能谩骂，又能打架，须具有这几种材能和资格，才叫得响一声"白相人嫂嫂"。有几位女大亨，也摹仿着男闻人的广收女弟子，扩充她的势力和充她的爪牙。

捉蟋蟀

电车厢里和茶馆里边，常见一班穷朋友跑来，弯腰曲背，恭恭敬敬的拾取香烟屁股，他们的术语叫作"捉蟋蟀"。拾满了一罐，拿到香烟摊上换钱用，据说勤勤恳恳的，每天也有四五角钱利益。这种生意也在三百六十行以外，并且汉口地方，从前有过一个穷朋友专靠捉蟋蟀为生活，省吃俭用，过了二三十年后，居然成为了一位富翁。这岂不是"大富在于天，小富在于勤"的一个铁证么？

三光党

这个三光党，并不是日、月、星的三光，是吃光、用光、当光的三光。"光"字的意义，就是完的代名词。这种人既抱了三光宗旨，都不务正业，专门在那诈欺上面用功夫，得了金钱就实行三光，等到完了再去想法，周而复始，循环不绝。可是社会上意志薄弱的男女，一天碰到了三光仁兄，结果或至破家荡产、失节丧命也未可知。考查他们的行为，就是变相的拆白党。

顶瓜瓜与硬绷绷

　　"顶瓜瓜"与"硬绷绷"这两句话，是广东人的口头语。"顶瓜瓜"是表明美好的意思，"硬绷绷"是表明真不二价的意思。因为广东人做生意最喜爽直，说一是一。广东商店的价目又是划一不二，足当"老少无欺"四个字，非若江浙帮和其他的商店，牵丝攀藤，讨价还价。

抛顶宫

　　人们带了呢帽或草帽，坐在电车厢里，车窗又开着，每逢车子驶行迟缓时候，头上带的帽子常常被人抢去，等到察觉，车已驶过一程了，只好付之一叹，个中人叫作"抛顶宫"。以故老门槛人到了车厢里边，先将帽子摘下，拿在手里，他们才无法施行其抢劫伎俩，你也可以保险着太平没事。

买户头

有一种诈欺之徒，常常虚设了某某洋行或某某绸缎店，印好几万张五色缤纷的目录单，又说举行什么开幕纪念，或是扩充营业、推销货色等花言巧语，而且定价又十分廉贱，将许多目录一张张地从邮局寄到各省各埠去。外省人士收到后，误为海上真有这家洋行和这爿绸缎店举行开幕纪念与扩充营业，因为贪图便宜起见，就此汇款邮购。不过款子寄出之后，如石沉大海，永远得不到什么便宜东西和便宜绸缎。过了许久，再托旅沪亲友按址前往调查，但他们虚设的洋行和绸缎店，早已无影无踪，不知去向了。

但是说也奇怪，外埠人口的姓氏住址，他们怎样能够知道？一经说穿，并不奇怪。因为他们预先向某大药房或某大书局，用重金向管理留底簿的职员，秘密叫他钞写一份，然后按址钞寄。这种勾当，他们叫"买户头"。买好了户头，再牺牲一些小费，即可骗到多数金钱，以饱其私囊。现在上当人虽多觉悟，但是中国之大，户头之繁，今天张三上了当，明天又挨着李四倒霉，周而复始，永无尽期。唉！

买烂东西

"买烂东西，买烂东西"的声浪（即收买旧货者）在街头巷尾是天天听得到的。他们挑着一付篮担子，像穿梭般的跑来跑去喊买，不论碎玻璃、破衣服、空料瓶、旧报纸、旧木具、坏钟表以及破铜烂铁，只消价钱便宜，他们都要收买。且一方面买进来，一方面立可卖出去，各有各的销路。这种小经纪人眼睛最凶，门槛极精，常常以少许本钱买进来，停一会儿就可赚到几倍的利益，故人们都叫他一声"旧黑心"。

卖长锭

每月到了废历三十和十四两天晚上，街头巷中常听见"长锭要么，长锭要么"的声浪，像穿梭般的喊叫。卖长锭的人都是相近上海乡间的妇女，也是她们一种副业，自己制造，自己喊卖。至长锭的内容，用锡箔和纸相间制成元宝式样，更用纱线穿缀而成长串，故名长锭。又因沪人欢喜迷信，到了三十、十四两夜买一串烧化，他们说，就有半个月的吉利希望。故乡间妇女投人所好，已成为一种固定的副业。

卖性照片

福州路（即四马路）各弄堂口，常站着一班老枪式之小贩，鬼头鬼脑的东望望西瞧瞧。路过的人偶然瞪他一眼，他就马上跟上来，轻轻地说："喂，先生，阿要买一套最新的春宫玩玩？"你如果存心交易，他就领你到弄堂里，可以看货和讲价钱。有时失了风，被警探捕去惩办，已为常有之事。但是惩办尽管惩办，他们的秘密生意仍旧天天的做着呢！

卖 冰

每到酷暑时候，街头巷中常有卖冰的童子手里提着蒲包，装了冰块，边走边喊"阿要买冰呀买冰"。"买冰"两字喊得非常急促，像是布非切的声音。一般自命道学先生听了他们的叫喊，不是掩耳却走，定要切齿痛恨，以谓这个东西哪有沿路喊卖的道理。

卖书画

福州路西头三山会馆墙上，每到夜间，常有卖书画者挂满了堂幅轴对，有书有画，有今人作品，也有古人遗笔，五光十色，使人目迷，且售价很便宜，虚头又很多。若辈不在日间做交易，必到黄昏时候才来开张，这是什么缘故呢？据说他们的书画都是冒牌赝品，如在青天白日不容易销脱，故必至夜色迷蒙下才出来做交易。现在这个书画摊已没有看见了。各笺扇店铺都兼营书画生意，每件标明价格，凭客拣选。

卖　经

各里之中，常有人一手拿着小包子边行边喊：“《高王经》要吗？”“《金刚经》要吗？”“《大悲咒》要吗？”“《心经》要吗？”这一项就是卖经的生意。他们都自称佛门弟子，常年茹素不知肉味的，小包子里满贮着一叠黄色纸张，上面又用朱笔点满小圆圈。譬如有十个红圈，即算十卷经忏。但究竟是否一卷一卷的念上去，抑或随意乱点，那是无从查考，只有佛门弟子自己知道罢。

捞锡箔灰

"捞锡箔灰"四个字是沪语詈人攫取非法金钱的形容词，岂有真的去捞锡箔灰吗？不过到了目下，这种事情的的确确实有其事了。沪人夙崇迷信，每到废历十四、三十两天晚上，大都买几串长锭，在门前焚化，以示媚鬼求利之意。这两天晚上，必有人手拿小畚箕和小刷帚沿门乱跑，见有焚化长锭者，火焰未熄，他们就老老实实一箍脑儿的刷进畚箕里去。等到工作完毕，他就集拢来去换钱。鬼用的锡箔灰变了人用的金钱，这就是他们"捞锡箔灰"的特别生财之道。

拾　荒

每天到了黄昏深宵的时候，在那里巷间，常有衣衫肮脏之徒，一手执着小玻璃灯，火光如豆，一手执着竹夹，背荷空筐，或在沿途检取竹头木屑，或在垃圾箱里弯腰曲背，掏寻破布零纸等东西，男女都有。摸得各物，稍事整理，即向旧货摊上换易现金，聊资生活。此种在三百六十行以外的职业，名叫拾荒。不过他们底目的，除掉零碎杂物以外，还有希望遗针堕簪和花绿钞票的意外横财呢！

上海人口中之"老"字

什么老、什么老已成为上海人的口头禅,今略记数句在下面。如说鬼曰"赤老",说女人曰"寡老",说女媪曰"老蟹",说女媪搔首弄姿曰"老骚",说妻室曰"老婆",说熟悉各种门槛曰"老白相",说男子曰"胡老",说瞎七搭八曰"老三老四",说人死曰"谈老三",称店主人曰"老板"。老啊老啊,已成为上海人的口头禅。

宁波人口中之"阿"字

宁波人即阿拉,阿拉即宁波人,这"阿拉"两个字已可代表宁波人了。故宁波人叫起人来,都以"阿"字上前,如阿哥、阿弟、阿妹、阿大、阿二、阿三,都熟极而流,脱口而出。它如"阿拉"长"阿拉"短、"阿拉舍希",尤为宁波人的口头禅,只消听见某人谈话中夹入"阿拉"两字,就可以知道他是的的括括、十足道地的宁波人。

算　命

　　沿街奔走的算命先生约有两种：一种是半盲半明的男女，手里挟着小锣和弦子，边走边敲边弹。他们因为半盲半明，走路不大方便，故必另有一人扶着同行。一种是手里不拿什么东西的非盲者，边走边喊"算长命""二百铟"。前一种的籍贯各处都有，后一种的都属宁波帮。弹弦子和敲小锣算命，代价比较宁波先生昂贵，每命起码小洋两毛，至少一毛。

　　他们的目的，不在乎区区的算命钱。忖度你是愚鲁一流，他们往往故神其说，妄言今庚流年不利，某月星宿不好，须要当心，如欲转祸为福，必须禳解禳解才可消灾免厄。信口开河的乱说一阵，说得你心里活动了，他们的生意经就此成功。斋斋星宿、禳禳晦气，他们都可一手包办，其代价金必在十元以下或十元以上。

还魂烟

　　在茶馆里、电车上，常有一班衣衫褴褛、跣足短裤的苦同胞，俯着头、弯着腰，做他捉蟋蟀（即拾香烟屁股）工作。拾满了一袋或一罐，卖到烟摊上去。烟摊上收拢来，分别优劣，条分缕析，重新卷成香烟，分别出售。这种纸烟，俗呼"还魂烟"。

烟摊都摆设在法租界自来火街和染坊弄两处最多。摊主人虽说是做一种小生意，却是须用水磨工夫，并具着锐利的眼光，分得出烟屁股的优劣，然后制成还魂烟，也是一项废物利用的卖买。

刺　花

市上的老弟兄（即白相人自称），他们的胸口两臂都刺了花，如山水人物、花草果木、飞禽走兽，样样都有。花是青的，肉是白的，刺上了花格外使人耀目。又如做了老弟兄，倘不刺花即要失却他的资格一样，更有白相人嫂嫂也刺上了一些，表示她的尊严。

十几年前，租界当局曾有一次下令大捕刺花弟兄，不论你犯法不犯法，瞧见臂上刺了花，立刻捉到捕房里去。这般老弟兄就此躲的躲、避的避，吓得屁滚尿流。如一时不能躲避的，更访求医生，请他除掉。可是这刺花顽意一经刺上，很不容易的消灭，故此弄得血肉模糊，皮肤惨裂。

其实刺花的事，是船上海员起的头。因为吃海员饭者，不幸逢到祸变溺死大海洋中，等到捞起却都腐烂，不易认识真面目。故预先刺了花，作为亲友家属认识的标准。后来不知怎样就传染到早吃日头、夜吃露水的老弟兄那边去，实在有些莫名其妙。

吃讲茶

下层社会中的群众们，双方每逢口角细故发生，必邀集许多朋友到茶馆里去"吃讲茶"。怎样叫吃讲茶呢？就是双方的曲直是非，全凭一张桌子上面去审判。倘结果能和平解决，由一和事老者将红淡茶混合倒入茶杯，奉敬双方的当事人一饮而尽，作为一种调和的表示。更有谈判不能解决，结果或许诉诸武力，以茶馆为战场，坐凳、茶碗作武器的也常有之事。这种吃讲茶的原因，以男女间之秘密和金钱的关系为最多数。

各家茶馆都悬着一块"奉谕禁止讲茶"的小木牌，这是茶馆老板预防惹事生非的一种表示罢。然而碰到吃讲茶的朋友来了，这"禁止讲茶"的效力就等于零。

孵豆芽

"孵豆芽"三字，是衣衫没有，钻入被内不能出去的形容辞。如豆之隐在柴草间，还未出芽呢。不过孵豆芽也分两种，一种是临时的，一种是永久的。临时的如一班胡调青年，出门时候衣帽翩翩，很像一个浊世的佳公子。到了外边，忽而吃光、赌光、用光，弄得衣衫褴褛，不敢露脸，恐伤体面，权且到旅馆去借宿，以待救济。还有一种永久的，是早吃太阳、夜吃露水的起码游民，聚集了三四人，以小栈房作家庭。他们不但衣衫不完全，而且常常把裤子当掉，两人或三人合穿一裤，没裤的人躲在床上酣睡，有裤的人出去想法子，弄到了钱再去派用场和替换穿裤。

两个半滑头

人们都说上海滩上是一个滑头世界。的确，眼见全社会充满了狡滑的气象，有了滑头本领才可以张牙舞爪、耀武扬威，才可以创家立业，自利害人。滑头的好处有如许之多，莫怪上海人都在那"滑"字上用点儿功夫。呵呵！

再说海上顶著名的两个半滑头是谁？据说一系某药局孙

某，曾出卖什么精什么精，因此而大发其财源；一系某庙道士；还有半个是半盲半瞽、天天装神弄鬼、专门欺骗妇孺之口天先生。至最近拆了大烂污，呜呼哀哉的草头老班却不在其内。某道士的滑术神通，能使善男信女一致信仰，焚香祷祝，庙门如市。每逢朔望，尤为男女杂沓，摩肩擦背而来，数十年来未见衰败。这魔力多么的伟大呀，实在是道法无边，值得人们的钦佩。

点香烛

"点香烛"三个字并非在庵庙寺观里施行，却在人家屋里或店铺里点烧。凡甲方无故得罪了乙方，双方纠结不开，由和事老出为排解，吩咐甲方到乙处去点香烛，为一种认过与消除纠纷的表示。末了更有加上一串鞭炮，霹雳拍拉乱响一阵，双方的交涉才算完事。

揩　油

"揩油"名目，虽为不正当的举动，但是在社会上已经成为普遍的现象。什么叫揩油呢？分开来说约有三种：其一，譬如你掏出一块钱叫仆役去买东西，他只买九毛钱的物，暗中赚去一毛，此谓揩油；其二，譬如一人在工作时候，偷偷的出来顽一阵或休息一回，也是揩油；其三，譬如不出代价的得到一张游券和一件东西，也叫揩油。总之揩油者，包括"取巧""贪小""偷懒"六个字在内。

这个不正当的举动相沿下来，已有很久的历史，如果欲矫正一下也没法矫正。譬如第一项仆役揩油，不论老司务、老妈子以及茶房侍役，他们去买东西，老实不客气的都要揩一揩油，才觉心满意足。不过心平的揩得少，心狠的揩得多。你要禁止他们不揩油，除非你件件自己出马，才好革除。否则没有别种方法禁止，只得眼开眼闭的任他去揩了。

储蓄骗

自从储蓄有奖之法施行以后，民众方面不能明瞭其利弊，都踊跃加入，希望得到可望而不可得之巨奖，至于成败利钝，不暇计较。主持人又利用民众侥幸贪小的心理，花言巧语，大事宣传，于是受害者已不可胜数了。

如果按照有奖储蓄章程，不欺不骗，切实办理，到期还本，公而无私，还可使人原谅。不料开办有奖储蓄者除少数靠得住外，其他都别存欺心，以故毫无结局。已经倒闭之有奖储蓄会，如东方储蓄、东亚储蓄、远东储蓄、苏州银行等数家，都先后倒闭巨款。储户方面因受此诈欺，心不甘服，曾一再提起诉讼，奈负责人均逃之夭夭，结果则不了了之。最倒霉的实为多数的零碎储户，牺牲了许多汗血钱存储该会，本欲积少成多，希望日后得到一笔巨款，不料主持人欲壑已饱，远扬无踪，到此只有饮泣吞声而已。

东方仿万国办法，主持人某甲本万国旧人；东亚专吸收外埠小储款；远东办法又狡，用计更毒，因它发给储户的储蓄证，只缴一次现款，即可月月有得奖希望，满了五年仍旧还本。期限短、手续便，故贫民方面趋之若鹜，谁料一转瞬间又卷款倒闭，害人无穷了。

将贫苦民众的汗血资供给不法之徒，造洋房、买汽车、娶美妾的挥霍，储蓄为名，侵吞其实，置社会经济于不顾，储户汗血于度外，论情论法，两不可恕！

储蓄本是一种美德，实有提倡和实行的必要，但是障碍如此，殷鉴如彼，使人无所适从呢！今后宜屏除有奖储蓄的妄念，快快选择夙有信誉、殷实可靠的银行为一种复利的储蓄，才不致上其大当，重蹈覆辙。

最可笑的，东方破产时，捕房派员到会检视，在那大铁箱里搜查，只有三块几角现洋和一堆不值钱的纸片。不知那几十万大款子到哪里去呢？唉，储蓄骗！

某国浪人

"浪人"即无正当职业游民的代名辞。不过说也奇怪，浪人的出产地多在某国，而沪上历次破获的犯法案件，都有某国浪人在那里作祟。如假造钞票案、私印废历案、私铸银币案以及其他的一切一切，吾国浪人做起作奸犯科来，多牵涉某国浪人。唉！某国浪人，天下种种罪恶皆借你的大名以施行了。

又如"一·二八"沪战一役，某国浪人更为活跃，手持武器分布虹口一带，见物即拿，见人即打，见妇女即调笑。路人虽侧目，然均畏其凶焰，都不敢和他计较。唉！

叫火烛

到了寒冬时候，在深夜里，常见有人拎了一盏灯笼，一手拿了支竹筒，边敲边喊道："火烛小心……冬天日燥，河干水浅，前门撑撑，后门关关。"这一种声浪在街头巷中都可听见的，名叫"叫火烛"。他灯笼上面的"火"字颠倒黏着，不知是何取义，或谓促起人们注意之故。他们到了大小月底，挨家逐户去讨取几只铜板，以作叫火烛的代价，其实是一种冠冕的"讨饭"罢了。

树上开花

这"树上开花"四个字并非真的指树木上会开花。譬如甲方有桩事件，自己干不来，请人代干一下子，事先声明所有公费和酬劳，甲方不给分文，等到事件胜利以后，即在甲方所得的利益内提出若干成给与代干者，这就叫作"树上开花"。这一类事，以钱债案件最多，如请律师代索款项，或请强有力者包讨欠债，统名树上开花，这是属于正当的。

还有不正当的。例如某甲私底下干了一桩违法事件，被某乙侦知，报告某丙、某丁等群向某甲强索钱钞，不允则宣扬出去，以作要挟地步。惟某乙也事先声明，须得到某甲钱钞后提出若干成，作为某丙、某丁等酬劳，此类事也叫作树上开花。不过某甲犯法，自有国法来制裁，今横被不相干的某乙、某丙、某丁出来干涉和强索钱钞，也是违犯诈欺钱财之罪了。

抄把子

　　华、租两界警务机关方面，因鉴于匪徒的横行、烟毒的蔓延，为预防界内安宁、肃清毒害起见，常有检查行人之举（俗呼"抄把子"）。倘使身藏不捐执照的枪械和烟土、烟泡、吗啡、花会纸等违禁品，一经察出，概须拘解法院，依法惩办。起初施行检查时，坐汽车人及妇女们却免搜检。后来因为坐汽车的阔客和妇女也多匪徒混入其内，今早已不分贵贱，都一律搜查了。妇女们向不检查，自发觉私藏违禁品后，特地雇用一班女侦探，也从事搜检了。

　　行人或坐车人每逢探捕喝阻搜检时，应听其所为，这是他们的公务，依法执行。如果意存恐惧，或拔脚奔逃，或反抗搜查，这就是畏罪的表现，并且是违法的，是不应当的。记得两年前，在宁波路天津路之间搜查行人时候，某店的小主人目睹探捕蜂拥而来，恐惧万状，忽然拔脚飞奔。探捕误认盗匪，扳机射击，就一弹洞穿，僵卧不起。这是完全自取其咎，只好白白送掉性命。

空头支票

银行和钱庄所给予存户的支票，在银钱业方面负着收付的义务，在存户方面可以代现金付用，数目多少也可随便开写，因此十分便利。但是目今世风日下，一般狡狯之徒竟利用此点，滥出空头支票，以遂其诈欺之计。什么叫空头支票呢？譬如某甲在某银行中立有支票户头，惟存款早已提完，只存极少数之底洋，仍将支票随意开写若干以代现金，向各处混用。等到得票人赴银行取款，因某甲户上已无款项存储，当然拒绝付现，这张票子就叫空头支票。

现在银行中的老牌银行对于存款人领用支票，第一次存入金额须五百元，至少须三百元，还要有熟人介绍（此熟人和银行方面有相当信誉者），才肯发给。如到钱庄领用支票，更须熟人负责介绍（譬如要往来若干金额，先由介绍人负责担保，将来倘使不去结束，即令担保人如数赔付。因钱庄往来，都属透支。惟本年起，如福源、寅泰各钱庄，因扩展业务、优待顾客起见，不须熟人介绍，也可领用支票，不过不是透支往采）。至新开银行和声誉未著之银行，对于存户领用支票很为迁就，第一次存入金额只消满五十块，也不须熟人介绍即能给予支票。不过银行方面为招徕主顾、便利存户计，也是一桩好意，并非叫你去滥出空头支票施行诈欺之术。

受空头支票之害，却已不可胜数，大抵哑子吃黄连，有苦说不出。也有因支票金额过巨，不得不诉诸法院，以求法律解决。不过到了这个当口，出票人或竟避不见面，或则逃之夭夭，无从传讯，结果只有得票人自认晦气而已。故现在商场中往来或个人往来，每当给付支票时，只看这爿店和这个人平日信用怎样，以定收拒方针。譬如这爿店和这个人素来是信用昭著的，开出来的支票届期必可兑现，决不会闹成空头的把戏，就乐予收用。倘使这爿店和这个人素来视"信"字如儿戏，开出来的支票虽非空头确有实额，也没有人敢相信而收用。收款人因金钱关系，不得不郑重对付，以免吃亏。

还有一种歹人，纠集了同党，自己临时开设一家滑头钱庄，专门将空头支票和空头本票（钱庄自己所开出来的名曰本票）到各处去骗取货物。收票人以谓该庄自己所发的票子决无空头之弊，都收用了。等到到期去兑现，这爿钱庄已经倒闭，骗子也早已远溜无踪，不知去向，收票人只有徒唤奈何。这种计画周详的滑头钱庄，未关当口，瞧瞧它的外状，像煞一家堂而皇之的金融机关，故人们容易上它的当，其实它的内幕是一座空城计式的钱庄罢了。

假钞票

各银行所发行的钞票，已屡次发现伪钞。在一般妇孺和民众，偶不经心，得到此项伪钞后，不但平空牺牲了一笔损失，有时还要受着无辜的牵累，真可说是冤哉枉也！

制造伪钞的匪徒们只知自己想发横财，不顾贼害人群，扰乱金融，真是罪不容诛。但历次破获的伪钞机关，十桩中却有九桩有日本浪人在内担任重要角色，这也算是亲邻善仁之道吗？

昨据友人告诉我，去年北平市上也曾发现过伪钞，不过他们不用机器仿造，是用化学作用影印的。先将真钞一张，票面上先涂着药水，然后用大小厚薄和真钞一样的素纸铺在上面，用力压之，而真钞之花纹颜色完全显出，丝毫无二。后来混用过多，发现了相同号码的伪票多张，才揭破黑幕，破案惩办，但民众方面的受害已不在少数了。

还有中央各银行所出的辅币券（即角票），也有假造的。作伪之徒可谓无孔不入，无假不有了。

假银币

假银币也是匪徒所作伪，而假银币中约分四种：（一）夹铜，（二）纯铜，（三）药水，（四）锉边。据说夹铜和纯铜须大规模的秘密制造，其他药水与锉边是小钱庄歇伙和银匠店歇工所作伪。药水银币是用一种吃银药水，将好银币投入药水中，数分钟后取出，银币上即少去一层，后来这银屑沉入水底，如一块块的投进去，集少成多，他们就可如愿以偿，达到非法取财底目的，可是好银币上都减少分量了。至锉边作伪，只用一把锉刀，在那银币边上磨挫银屑。不过好好银币经过磨挫后，因分量已轻，兑换起来又要损失贴水。可是作伪者只知达到自利底愿望，其他一概都不顾及。夹铜与纯铜称假银币，药水与锉边只可称为劣币，因它仍可换钱，不过兑换店里老板多得些额外的利益。

假辅币

市面上除假钞票假银币外，还有一种假辅币和劣币（沪人呼"角子"）。假辅币完全是铜质或铅质做成，币面上加了一层薄薄的银屑，即在暗中混用。劣币有药水和新造（沪人呼"新角子")之分，药水辅币与药水洋钿一样的成色，至新角子是一种银少铜多混合制成，其成色和好辅币一比较就差得远了。

常有贪得无厌的烟兑店，专在新角子上面做功夫，暗中用贱价大部份的收进来（据说一块钱可购二十多角），慢慢地搭出去，而余利已大有可观。这种好生意，在今日情状之下将成为公开的卖买，且只图油水可揩，兑换人的受害与不受害，他们都一概不管。

假书画

一般稗贩之作伪者，对于古人书画，他们都有法子仿造。纸张颜色、钤记朱印、装璜格式都可摹仿，远瞧之和古人真迹毫发无二。他们拿了在市场上兜揽混售，而门槛不精的买客常常受他们的愚弄。须逢到真正识货的金石专家，才可以辨得出真赝之别。书与画本为雅人深致的东西，不料也有种种黑幕在内，古人地下有知，必要叹息痛恨哩！

又如现代的名书画家，也有人摹仿他的笔迹钤记在市上混售，无眼光的人们都要受他蒙蔽。如到扇子店去购求才不受愚，该店有一句口号叫作"包真不包好"，表明书画是真的，不过不负责好歹罢了。

假客气

一种虚伪的假客气也是中国人的特色，尤其是住在海上的人们，专门在那"假客气"三字上用些功夫。譬如有甲、乙、丙三人，预定某天由某甲作东请客，等到吃好会钞时候，乙和丙必要抢前连说"我来我来"的假客气话，哪怕身边空空如洗，一只手也要伸入袋里作摸钱状。其实既经预先讲好由某甲请客，某丙、某乙可以老老实实的扰他一顿，何必末了还要连说"我来我来"的假客气呢？

作者在酒菜馆中常常瞧见几位食客，菜也吃饱了，酒也灌足了，脸孔红得和关公一样，走起路来两条腿也不能自主，而且酒气扑人，闻而欲呕。等到会钞时候，四五人不约而同的抢会钞，害得堂倌围在垓心没法接受。也有摸出来的洋钿角子洒落一地，叮呤哨啷铿锵动听，在旁人看来有些替他难过，然而他们正得意洋洋的在"假客气"三个字上用劲儿，哪可少此一举？其他假客气的顽意还多着呢，不过举一反三，可以概其余了。

髦儿戏

二十年前，完全由女伶演唱的戏馆，名叫"髦儿戏"。起初都是一种未成年的女伶演唱，故名"髦儿"。到了后来，并不限于幼伶，年长的和年老的都有了。

从前四马路胡家宅有一爿群仙茶园，是纯粹的髦儿戏馆。开设很久，著名坤角如林黛玉、陈长庚、红菊花、翁梅倩辈，都在那里唱过。还有宝善街的丹桂、大新街的大富贵、南市新舞台旧址的妙舞台，都是髦儿戏馆。丹桂角色，如恩晓峰、张文奎、张文艳、白玉梅、张少泉、牛桂芬，均为该园盛极一时的红角儿。自从男女合演之风盛行以后，这种髦儿式的戏馆已不复再见。现在群仙、丹桂等旧址，也早已改建市房了。

续

集

上海人的过年忙

推行国历，废除阴历，一刹那已二十四年了。自从国民政府定鼎金陵以来，又明令一律改用国历，严行废除阴历，亦已七八年了。不过民间狃于几千年递嬗下来的旧习惯，似不愿意急急改革，且亦不能一律遵从，可见改革习惯是一件很不容易的事呢。

现在表面上虽已推行国历，在实际上依然用废历为多数。到了国历岁尾年头，一点举动也没有，到了废历的岁尾年头，大家当作一件大事情来干它一下。习惯如此，行政方面也只好马马虎虎了。兹将岁尾年头的种种事情，分段记在下面。

扫除

中国人懒惰脾气，最为显著。平日对于屋舍家伙，都任其尘埃满积，不加洗濯。到了年底，才手忙脚乱地除灰尘、洗地板、揩窗棂、涤器具，忙得一团糟，名曰大扫除。

谢年

一年四季，靠天保佑。到了年脚边，大鱼大肉，红烛高烧，香烟缭绕地举行谢年，以答神庥。末了，还要大磕其响头，大放其爆竹。这种举动，除却新式家庭和教会家庭外，差不多都要来举行一下。

祭祀

祭祀即祭祖宗，是子孙追远之意。一年四时八节都要祭祀，不过年底祭祀，格外来得郑重其事。这祭祀一节，除却少数教会家庭外，家家都要虔诚地举行。

结账

商店和顾客往来交易，所有欠款，到了此时，须一律结束还清，不得再行拖欠。如果力不能还或有意规避，你纵能逃过此关，不过你以后的信用便要破产。故要面子的朋友，不论怎样窘迫，也要竭力设法现款来还清，免使人家耻笑和失却信用。商家和钱庄往来，如有透用款项，到了这个年关，必须要如数还清，明年才能继续往来。倘使款项不还清，这爿店的信誉便要受人指摘，而且一传十、十传百的宣扬出去，说你窘态毕现，有些儿靠不住了。

烧香

中国人是著名的崇拜偶像，故庵观庙宇遍地皆是。到了元旦那天，一般善男信女都洗好了澡，换好了衣服，一群一群地往南市城隍庙、南京路虹庙等处烧香，肩摩毂击，拥挤不堪。又有烧头香之玩意。什么叫烧头香呢？就是第一个人踏进庙里，如果烧着头香，视作一件非常荣幸的事，因为菩萨老爷鉴你虔诚，今年一年必特加保护你万事如意，发财发福。但是你要烧头香，他也要烧头香，你能提早，他能抢先，到了现在越弄越早，竟在大除夕晚上十点钟左右，已经要去烧元旦香了。瞧瞧他们的举动，使人可发一笑。

拜年

从初一到十五这半个月以内，小辈对于长辈的拜年礼节极为郑重，或行大礼（即叩头），或行鞠躬，看各个人的处境而定。平辈第一回碰见，也须拱拱手，叫声"恭喜发财""新年得意"等吉利话。一般摩登新人物，也有不拱手和说吉利话的，不过究属少数。

娱乐

娱乐分两种，一种是正当的娱乐，一种是不良的娱乐。人们因习俗难移，大半趋于不良的娱乐一途，平日间已浸润其中，漫无限制，到了新年，更商辍于市、工辍于业的相率嬉游，玩一个饱，费时损财，不遑计及。如果仅仅逛逛游戏场、看看电影、听听平剧，已为难得，大多数均发狂般的从事嫖赌，岂不可叹（赌博尤为新年中最普遍的不良娱乐）。

茶包

每到新年，人们往亲友家去拜年或探望，他们佣人泡了一盅盖碗茶，茶盖上放着二枚青果（即橄榄），说道："请饮元宝茶。"客人临去的时候，照例须给下红纸裹的茶包一封。大约在半个月内，客人第一次进门，他们泡了元宝茶，必须发给茶包。茶包的数目约分三种，上等人家，大来大往，每包以一块到五块为止；中等人家，四毛小洋到一块为止；顶起码人家，至少二毛小洋，最普通以四毛小洋到一块钱为多数。真正的阔老大亨，也有十块、二十块、五十块的，不过这是一种例外的茶包了。

压岁钿

长辈对于小辈，概须给付压岁钿，数目不等，至少一块，多则五块、十块、几十块，都无一定的。

红烛高烧

一般迷信人们，除到各庙宇去烧香磕头外，家中还要燃点大蜡烛，虔虔诚诚地磕一下响头，名叫"敬天地"。这种人家的家里，在新年几天，家家户户都是红烛高烧，香烟缭绕，过了元宵才告停止。

新年锣鼓

十二月中旬起，耳膜内已可听到敲年锣鼓的声浪，直要到元宵后才停锣歇鼓。在这时候，吾们走在路上，常常听到没有节奏的锣鼓声音，吾们虽听得厌烦，他们却敲得上劲，你要避免也没法避免。至于他们的用意，是要大家（指敲锣鼓的一家而言）乐一乐的意思。

马路小贩

肩挑负贩的小生意人，他们虽捐有照会，依照租界章程，平日不许停顿在路隅卖买，如果违章，被探捕瞧见，就要拘入捕房处罚。惟大除夕特弛禁一天，以示宽大。故这天马路的人行道上麇集许多小贩，百货杂陈，如水果、玩具、头饰、鞋袜、花草等类，抖揽行人生意。

穿新衣服

新年几天内的男女，不论老少，都要穿一套新制衣服，其意思是一岁开始作新当口，大家无妨换一换新衣，以示快活之意。故尽有平日间穿惯破衣服人，到了此时也要换上一换，而且不但衣服如是，其他鞋儿、帽儿、袜儿都要新一新。照常穿旧衣服人也未尝没有，不过是少数罢了。

接路头

接路头又名接财神。到了初四晚上，必要恭恭敬敬的接它一接，意谓这么一来，财神爷爷鉴你虔诚，降福赐财，生意兴隆，大得其利，定能如愿以偿。此种可笑的举动，旧式商店大半举行，门户人家的主人翁也有奉行的。依照旧规，商店中的伙友，本年工作蝉联和不蝉联，也都于此夜定局。接路头之先，摆好陈设，燃好香烛，首由经理先生跪拜，拜完从身畔取出预先写好的红纸一张，上列各伙友姓名，各伙友可依次拜跪。如果红纸上没有你的大名，即可免拜，而本年度职务也不蝉联，等到明天卷铺盖走路好了。

放鞭炮

关门放关门炮，开门放开门炮，谢年和接路头都要放炮，且鞭炮中杂有高升，其声很响，耳鼓为之震聋。到了岁尾年头，这种砰磕劈拍的声浪到处可以听见，虽旁人听来讨厌，他们却兴高采烈，得意非常。如果有人将这笔糜费来统计一下，其数目着实可观哩！

乞丐索钱

平常乞丐在路上向人索钱，探捕瞧见就要驱逐，或拘到捕房里去惩治，或逐出界外，惟大除夕晚上到初四为止，任他们乞讨，不来干涉。故这几天的马路上，男女乞丐成群结队的向人索钱，不给不休。它如里巷之间，庙门之前，更为若辈的集中地点。一过初四，却又不能公开地乞讨了。还有一种下层民众，临时结合五六人或七八人，为首的人拎了一盏长柄灯笼，其他各拿乐器一枚（如锣鼓铙钹之类），瞧见人家谢年或接路头当口，他们蜂拥而来，边唱边敲。倘不给予银钱，他们更敲得响，唱得劲，罗唣喧闹，不给不止，起码须给与小银角数枚，才一哄而去。他们的名目叫"索利市钱"，他们敲的是没有节奏的锣鼓，唱的是没有腔调的胡诌。据说他们向人家索钱也有规矩，如谢年接路头，人家门口不挂灯笼，即不来索取；挂了灯笼，不客气的就要上门。这种人虽非叫化，其实也是一种冠冕的乞丐罢了。

大鱼大肉

年年到了年底，不论大小人家都要买些鱼肉菜蔬，作为过年之用。不过大户人家是大鱼大肉，小户人家是小鱼小肉，并且还要请人吃年酒、吃春酒，都在那时候举行。人们的意思，以谓旧年将去，新岁才来，吃吃喝喝，也表示快活之意。不过作者意见，到了年底买些鱼肉吃吃，也在情理之中，但是都从年脚边烹煮的鱼肉，直要吃到元宵后还有余剩，那时候天虽寒冷，因为时过久，菜蔬也要变味，吃下肚去，未免太不知道卫生。要图口腹，反而吃变味的东西，真是何苦！然为习俗所移，要想改革也无法改革呢！

宋案之回顾

桃源宋教仁先生，狷介自持，博学多才。先在民立报馆任撰述职务，言论犀利，洞中肯要，于右任恃之如左右手。民初袁氏当国，尝一度任先生为农林总长，坚辞不就。后来潜窥袁氏有异图，力持反对态度。袁忌其才，又没法羁縻，因忌生妒，因妒生杀，于是"毁宋酬勋"之密谋乃决。

民国二年三月二十日晚上，宋先生同黄克强（兴）到北车站，预备乘夜车赴宁公干。不料将到月台，而无情之枪弹突至，射入腰间，亟赴铁路医院剖腹验治，卒因伤重不起，享年仅三十有二。先生既逝，举国震悼，而国民党诸同志更怒发冲冠，因此酿成"二次革命"，实行讨袁了。

刺宋主犯，人们都知为赵秉钧，应桂馨、洪述祖、武士英辈为从犯。其实秉钧杀宋奉有袁命，袁实假手于赵，赵又假手于应、于洪、于武，故此真正的主犯是袁氏，其他诸人不过奉令行事，以图固位邀宠，希得金钱而已。

先是，宋先生不就农林总长后，屡赴东南各省，演说政党内阁制之利益。赵氏闻讯惴惴不安，尝说："此人一旦得志，吾辈危了。"赵之秘书洪述祖进言，谓："吾有故交应桂馨，足智多谋，可以担任杀宋重任。"于是计画谋事，由洪密电桂馨，叫他相机行事，"梁山猖獗""毁宋酬勋"都是密电中的隐语。后来桂馨出巨资募得壮士武士英，武系粗汉，不明真相，欣然答应。桂馨先给以黄克强和宋并立的小照一张，反复叮咛道："一并击杀者受上赏，击杀其一者受中赏，二皆不中无赏。"士英唯唯，而照片所题姓名又颠倒，桂馨不察。士英初不认识黄、宋，届时按图索骥，奔到北站，追踪得黄、宋，弹发，黄无恙，宋则倒地不起。

那时正程德全氏做苏都督，闻报拘捕应桂馨、武士英入狱，再派员到应家搜查，检获函札、密电多封，于是主犯已得，咨请司法机关按律严办。黄克强等复联名揭穿赵秉钧罪状，促其南下对质。赵惧，密遣龙某挟巨资赴沪，龙用奇计鸩士英于狱，以灭其口。事成龙得巨赏，后经亲友劝告，龙虽隐于乡，仍被秉钧遣人杀毙。明年赵出督直隶，桂馨越狱逃赴天津，向赵求官索钱，秉钧佯应之，阴使心腹马弁刺应于火车中，未几秉钧也暴卒于任所。后来述祖也被逮，鞫讯得实，处以电气绞刑，此一幕大惨案才大白于天下了。

自从刺宋案发生以后，《民立》《天铎》《民权》《中华民》各报纸，对袁、赵都愤激万分。《民权报》尤激烈，天天著论痛骂，更将袁世凯、赵秉钧各人照片制版披露，加注"袁犯世凯""赵犯秉钧"字样。一般读者，亦钦佩《民权报》社长周浩（少衡）的不畏强御，胆识俱优。

戴季陶被捕

考试院院长戴季陶先生，他本是一个新闻记者，在清末民初，先担任《天铎报》主笔，后转任《民权报》主撰。那时戴先生发表的文章都用"天仇"两字为笔名，言论极犀利爽直，对于袁世凯之倒行逆施，尝著论斥之。民元大借款成立，戴先生在《民权报》上天天据理驳斥，因此忤触袁氏之怒，于某日被捕，拘入四马路总巡捕房。后国民党诸同志闻信大愤，急电袁氏责问被捕理由，袁以清议难违，亟复电摘释。故只尝了一夜铁窗风味，明日未到会审公堂受讯，而戴先生被捕一案也就此无形结束。

如同狗屁的《天仇文集》

民初，戴季陶先生担任《民权报》主撰时候，该报差不多每天有一篇很长的社论，是戴先生撰的，社论措词很雄壮犀利，极为读者所称道。对于袁世凯的种种非法举动，戴先生尤口诛笔伐，不遗余力，因此尝一度被捕，后因营救得早，即行恢复自由。

后由民权报馆主人将戴先生的社论选印单行本，颜曰《天仇文集》，"天仇"是戴先生的笔名。彼时的青年学生、民党志士，多喜购读。出版未几，《大共和报》的画报上面有一幅图画，画着一只犬，在犬尾巴后注"天仇文集"四字，可谓极谩骂恶诮的能事了。

章太炎监禁西牢

逊清光绪年间，蔡元培、吴稚晖、章太炎等组织《苏报》，举章氏和邹容为正副编辑。《苏报》是鼓吹革命的言论机关，对于清朝的暴虐与失政，指摘不遗余力，因此很受读者的欢迎，同时也被满清政府所注目。

光绪三十二年，《苏报》案发，报馆被封，蔡元培、吴稚晖闻警先赴日本，未受其殃；章太炎与邹容都判徒刑，监禁西牢。邹容系川人，号威丹，年少气盛，文笔极深刻犀利，尝著《革命军》一书，攻击爱新觉罗氏无微不至，在图圄中忧愤成病，卒至瘐死狱中，人都叹惜。章氏刑满释出，即离国赴日，等到推倒满清，民国成立，他才回来。

康圣人办《国是报》

清季戊戌政变，康老先生实主其事。事泄以后，胞弟广仁和谭嗣同、林旭等同在菜市口遇难，老先生同着爱徒梁任公（启超）逃赴国外，得保生命。后来索性捐着保皇招牌，向国外华侨到处乱吹。等到民国初年，袁（世凯）、段（祺瑞）相继执政，梁氏曾做过几任大官，康则誓不入仕。记得有一次康打电报给袁，首冠"慰亭总统老弟"六个字，足见他的倚老卖老了。

康字长素，又号南海（他本是广东南海人，声名一大，就将籍贯代名号，如黎元洪之称黎黄陂、岑春煊之称岑西林都是）。至民国五、六年间，他才倦游回国，在上海麦家圈交通路转角开了一家《国是报》，发表的言论竭力主张尊孔，关于民国问题绝口不谈。到了张勋复辟，他于事前秘密北上，参与逆谋，做了一回短期的议政大臣。直至复辟消灭，再造成功，他又溜到外国去做寓公，这张鼓吹尊孔的《国是报》也就收场关门。

最后他又圣人自居，或南或北，或东或西，行踪无定。四年前在青岛寓庐病逝，从此不复再见康老先生的言行了。有人说道，倘使康氏不死，现在傀儡国的国务总理一席，必属老康无疑。

康氏擅长书法，誉者目谓"恣肆苍劲，中国一人"。其实他写的字不守绳墨，恣肆则有之，苍劲则未必。已故大学讲师李石岑写字，力摹康体，可谓见仁见智，好恶不同了。

《天铎报》人才济济

逊清末季，沪上鼓吹革命的报纸，人们都称道《民立报》，不知那时还有一家《天铎报》，也竭力地鼓吹革命。编辑、撰述都是一时人选，如戴季陶、周浩、陈布雷、李怀霜诸君，均为《天铎》旧人。等到民元，周浩另组《民权报》，戴季陶才脱离《天铎》，改到《民权》去。后来陈布雷、李怀霜也陆续地脱离了，该报主持人无意继续下去，才宣告停版，一般读者多很惋惜。

周浩胆识俱优

清末，周浩在哈尔滨办报，因事触忤当道，致遭通缉。戴季陶先生闻讯，特电周浩，慰勉有加，更招周来沪，担任《天铎报》辑务。等到武昌起义，推倒清室，周浩在江西路另组《民权报》，聘戴季陶、刘民畏、牛霹生、蒋箸超、吴双热、徐枕亚、管义华等为编辑与撰述。出版未几，因有敢言之誉，即能风行一时，不胫而走。

民二宋案起后，《民权报》尤愤激万分，痛骂袁氏，体无完肤，并将袁世凯、赵秉钧照像制版登在报上，加注"袁犯世凯""赵犯秉钧"字样。隔了几天，周浩又登了一段特别启事，略称"袁贼世凯，派人南下以十万元现金收买《民权》，浩一息尚存，誓决奋斗到底，决不改变初衷"云云，读者都钦佩周浩之有胆有识。直至癸丑"二次革命"失败，才结束停刊。

周浩字少衡，躯干矮小，写得一手好苏字，从前棋盘街上有一爿"中华图书馆"的招牌，为周先生手笔。后来到北平去办过一张《中报》。民十七在南京做过一任江宁县长，一年以后，因政见不行，才挂冠而去。

薛君子丧胆

薛大可氏为"洪宪六君子"之一，奉了袁世凯的密命，挟了重金来沪，在望平街南京路口开设一家《亚细亚报》，拚命鼓吹帝制产生。等到洪宪登极，《亚细亚报》最先在报边外改登洪宪纪元某月某日字样，以媚袁氏。热血民众探悉薛氏行为，屡次致函警告，薛不为动。有一天晚上，炸弹来了，耄然一声，报馆门口的大玻璃窗纷纷震碎，职员逃避一空。薛在楼上经理室中，闻惊遍体股栗，窜回寓所，好几天不敢到馆。

经此一击,《亚细亚报》的论调虽不能完全改变,而捧袁的肉麻文字却减去了许多。后来云南起义,各省响应,帝制取消,袁氏气殂,这张鼓吹帝制的机关报就此停刊,而薛君子也跟踪离沪,不知去向了。

十六开

十六开的定期订本刊物,现在又盛极一时了,其数量已有一百多种。人们说起报界的情形来,必道小报真多,其实小报虽多,只有几十种光景,哪能及得来十六开式的刊物多而且盛呢?

这一百多种的刊物之中,论起资格来,要推《礼拜六》周刊和《生活》周刊两种最老。《礼拜六》创始于民国十二年,到如今整整有十二个年头;《生活》开创于民国十四年,也有好几年了。不过《礼拜六》和《生活》创始当口,都是四开式的散张,像现下流行的小报相同,经过了许多年月才改为十六开的订本式了。

讲到这许多刊物当中,真能无党无派、代表民众说话的实在很少,差不多的都有背景在内,或以政治作背景,或以宗教作背景,或以什么派什么系作背景。至于替一个人拥护，做留声机的也有。但是每种刊物，有了背景，其寿命必不能悠久，以故这许多刊物中，除掉《礼拜六》和《生活》以外，大都旋起旋灭，极少有持久至二三年以上者（《生活周刊》现亦因事停版）。

至出版日期，有三日刊、周刊、旬刊、半月刊等区别，但以七天一出版的周刊为最多。因它是用一张报纸分为十六开订成的，故一般读者称之谓十六开刊物。

最近出版的《十日谈》旬刊，却用八开式订本，闻系邵洵美等主办，纸幅特大。他们的意思是表明和十六开式的刊物有些不同罢了，后来也改为十六开式，今也因故停版。一九三四年的一年中，这种刊物很为发达，故人们目谓"杂志年"，恰是一个确切的比喻。

夜　报

在欧美报馆发达之各国，每天出版报纸，晨有晨报，午有午报，夜有夜报。逢到紧急事情发生，还要随时编印号外，号外的次数也没有一定的。讲到吾国报纸，现在仍处幼稚时代，至于夜报之数量更少，从前只有沈卓吾主办的一家《中国晚报》，开办较早，计算起来约有十几年的历史。自从前年沈卓吾溺毙以后，这张老牌的晚报就实行停版，寿终正寝了。

等到"九一八"国难发生后，时报馆首先在傍晚发行号外。"一·二八"沪战起后，《申报》《新闻报》《时事新报》也都相继发行过号外。旋因十九路军退却，时局为之一变，《申》《新》两报的号外就突然停止，为时不过一星期而已，后来《时事新报》也停止发行号外了。自热河被占，榆关告急以后，《申》《新》两报重复发行夜报，不多几时，《申报》的夜报又先停止，《新闻报》的《新闻夜报》现在仍旧照常出版。《时报》自晨报馆发行《新夜报》后才取消号外，正式的改称《夜报》了。上述的几种夜报，都是各大报馆的副业，至独立发行之夜报，自《中国晚报》停版后，只有一家《大晚报》。该报在沪战激烈时候，由张竹平氏所组织，起初每天只发行四开一张，不登广告，专载新闻，经过半年奋斗而后，已有相当的成绩，才扩充篇幅，登载广告。现在销路已突飞猛进，人们的心目中都知道《大晚报》是沪上最著名的夜报了。

逢到时局一度剧变，必有一班投机份子瞎七搭八，乱造谣言，印成一种豆腐干式的什么快报、什么捷报，批给报贩，沿街喊卖。这班投机份子都是小印刷所里的老板作主人翁，想捞取几个外快吧！这样小小一方的印刷物，哪有夜报和号外的价值？只可称它一种无聊的传单而已。等到时局宁静，他们的快报、捷报都没影没踪的取消了。

现在流行的各种夜报，除独立发行的《大晚报》外，计有《新闻报》馆的《新闻夜报》、《晨报》的《新夜报》两种，《时报》发行的《夜报》现已停刊了。最近又有蔡钧徒君主办的《社会晚报》，它的纪载注重社会新闻，还有一家《大美晚报》，是美国人所发行的。

文化街

福州路（俗呼四马路）中段一带地方，人们都目谓"文化街"，因为那边的书店很多，最大的如中华书局、世界书局，上中的如大东书局、广益书局、现代书局、北新书局、开明书局，范围较小的如泰东书局、光华书局、华通书局、新中国书店、卿云书店、新月书店，以及什么斋和什么阁等古董书店。它的数量总有几十家之多，这一段短短地方有了几十家书店，自可称誉"文化街"而无愧了。

但是这许多书店当中，有专售教科书和译著书籍的，有专售新文化书籍和定期杂志的，也有专售新旧小说的，更有出售类似诲淫派小说和连环图画的，形形色色，可谓集其大成，使人目为之迷，叹为大观。还有一般古董书店，专售旧版书籍的也有好几家。

该处商号除书局以外，而一般滑头滑脑的百货小商店也有多家。到了晚上，更为野鸡娼妓的集中地，又为老枪式小贩兜卖淫画（即春宫）的大本营，有这几种东西点缀其间，吾觉得总是文化街上的污点吧！

如此新剧

新剧（即话剧，俗说"文明戏"）的产生，约有三十多年历史，自从逊清宣统年间到民国元、二年为最初一时期。那时候的"天知派"新剧很为风行（"天知派"即任天知领导之剧团，任系旗人，曾入日本籍，故又号藤堂调梅，顾无为、汪优游辈都是其高足），至民国五、六年时，忽然衰败了。民初，陆镜若、马绛士、吴我尊、欧阳予倩等在日本组织的春柳社，后来全团移沪开演，假座南京路东头谋得利洋行为剧场。该社定章仿平剧一样，每演一剧，纯用脚本，角儿登场表演须预先熟读，一举一动都有准绳，非若别社的只用一张幕表，临演时候由主任人略为讲解一过，即能出演。所演各剧的剧情也很高尚深邃（若《不如归》《宝石镯》《王熙凤泼醋》等剧），恰合上流人的脾胃，不受下级社会欢迎，因此曲高和寡，观客寥寥，卒致停演。

那时郑正秋先生目睹新剧衰微，乃崛起组织新民社，借石路天仙茶园旧址为剧场。开演以后，营业很佳（《家庭恩怨记》与《恨海》两剧最受人欢迎），因此继起的新剧社很多，如苏石痴之民兴社、孙玉声之启民社、张石川之民鸣社。最盛当口，这种剧社有六七家之多，它们为团结起见，又组织一个新剧公会，再出版一张《新剧日报》，借资宣传。某一年，为筹募公会基金起见，纠集各社演员演过一回联合新剧（地点在三马路大新街口之民鸣社）。那时候的新剧可谓如火如荼，盛极一时了，这位郑老先生也得着新剧中兴功臣的美誉。后来经过了三四年的光景，这新剧命运又渐渐衰败起来，各各停演，郑老先生的中兴功迹也就此消灭于乌有。最后几年，复在广西路组织笑舞台，郑正秋和邵醉翁都先后主持过，但是新剧的风头已过，虽欲挣扎也有所不能，终致没法维持而停演了。

鼎盛时代，不但团体有公会，宣传有报纸，而且几位新剧界大亨都组织了学社（如平剧之科班然）招生授业，如郑正秋之药风剧社、顾无为之无为剧学馆、苏石痴之石痴剧学馆，而药风剧社同时更出版一张《药风日报》以作宣传机关。

同时又有女子新剧也应时产生，最初开演假座圆明园路某外国戏院，演剧三日，看客很多。盖沪人夙有好奇心理，那时的女子新剧又为破天荒之产物，故很能哄动一时。林如心、谢桐影辈都为个中翘楚，后来不知怎的，并不自辟剧场，只依附男剧社，每逢星期一、二、三、四、五之日间，假座大新街民鸣新剧社，专演日戏，不演夜戏。苏石痴主办的民兴社为号召顾客起见，首先仿北平平剧男女混演制度，开演男女合演的新剧，演了几年，到底仍旧没法维持而停演。

　　现在之新剧，久已作为游戏场中的附属品，其地位早和一班杂耍相埒。要看新剧，也只有到游戏场去。从前出过风头的红角儿除掉改业以外（现在电影界巨子郑正秋，杂耍健将易方朔、张冶儿，以及艺术家欧阳予倩，小说家徐卓呆等都唱过新剧的），也只好屈身进游戏场去混饭了。十几年来的盛衰兴败，赛如春梦一般，使人徒兴不堪回首之感。

跳　舞

　　在八九年前，跳舞潮流曾勃兴过一回，后来不知怎的，忽然衰落了。可是到了最近二三年间，跳舞潮流又风起浪涌，盛极一时，跳舞场的开设虽不及电影院之多，然也有三十多家。到舞场去的朋友，不但是摩登妇女、惨绿少年，而白发盈头、长袍马褂的老头儿也很多很多。最普通的代价，一块大洋可以跳三次，每次只费三角三分（更有新开设的小场子为招徕起见，一块钱可以买六张舞券跳六回），就可和半裸的粉香扑鼻的、婀娜多姿的舞女搂抱接触了。喜欢跳舞的人，大家视为最便宜的娱乐消遣，但是一开香槟，吃些茶点，那就要耗去几块钱或几十块钱，更视为常事。

靠此为生活的舞女，现在约略计算，已有两千多人，论国籍有中、俄、日、韩等别。舞女的出身，有良家妇女、娼门姑娘，更有所谓电影明星（如梁赛珍辈）羡慕着做舞女容易赚钱，改业跳舞的也不少。等到跳舞跳红了，就有舞后、舞星等荣誉，那时候可以名利双收、誉驰舞国了。至舞场组织，大都取中外混合制，也有几家完全雇用外国舞女的。

舞场主顾，当然依靠本国舞友，而穿制服的外国水手也有光顾的。这跳舞的顽意，平情而论，如果逢场作戏，目中有舞、心中无欲的偶一为之，消遣消遣，原无不可；倘使入了迷魂阵，心旌摇摇不能自主，沉醉舞场不能自拔，那就要身败名裂，堕落到万丈深渊，不可救药呢！

肉林秘闻

　　友人某君前充侦查妓寮执照之职，今已退休不干，昨天在漕泾黄家花园晤面，为道肉林中的秘闻两则，很觉可笑，兹记述于下。

　　到咸肉庄去的白相朋友，大家都知道他们是重在泄欲，今有屏除泄欲的嫖客，岂非怪事？有某嫖客白发苍苍，年逾知命，到了某肉庄，立召庄上花三四人。庄花至，自己卸了袍褂俯伏榻上，命三四庄花握拳殴击，越重越好。殴毕，似觉遍体松快，乐不可支，后各给付代价，一一遣去，客乃蒙被独睡，到天明才去。此客岂是生成一副贱骨头，非叫女性围殴不能愉快吗？

　　又有一客到某肉庄后，嘱庄主须物色三寸金莲之庄花，不问妍媸，不限年龄，只要小脚。庄上无以应，客乃出钞券累累置放台上，并说："倘能如愿，即以此为酬。"庄主贪于利，四出奔走，结果在四马路野鸡窠里觅到两只扬州老野鸡，年龄都在四十相近了，伴之到庄。客见此两妓固三寸金莲，纤不盈握，为之狂喜。客坐沙发上，前置矮几，为妓座位，嘱妓将裹脚布一齐脱下，一面吸吕宋烟，一面徐徐嗅脚，边吸边嗅，似有无穷滋味者。一妓嗅完，再来一妓，嗅毕，出重金遣去，并厚赏庄主，客才整衣冠欢跃而去。此客具此怪癖，想是辜鸿铭之一流了。哈哈。（辜氏善嗅女人小脚，谓之别具风味。）

连苞嫁人

到娼门中去白相小先生（即幼妓），一时热恋起来，丢不得、舍不开，要想叫她从良，藏诸金屋，目的是未尝不可以达到，不过你要预备好大量的金钱，才可如愿以偿。因为鸨母们视小先生不啻一颗钱树子，嫖客替她脱籍，她们乘此机会要大大的敲你一记，她们的口头禅叫作"连苞嫁人"。

她们的意思是指这个小先生，的的括括未曾经过人道的处女，现在既然有人要讨娶，须连同含苞未放之花一齐归你，不过身价银子（即脱籍费）要好看一些，往往狮子大开口的乱说一下。倘使你爱惜金钱，不能厌她们的欲壑，这一块肉你休想啖得到，她们自会百计的阻挠你，结果仍旧不成功。不过娼门中所谓小先生也者，真正名副其实的还是很少，大多数以尖先生混充，鸨母们自有法儿，使这个已破之瓜用人工来补救，和未经过人道一样。入迷的客人，连苞讨回去，自诩完璧归我，欣欣自得，其实已中鸨母们的奸计，只好挨一回城门了，但是这金屋藏娇的嫖客却依旧睡在鼓里呢！

请游龙宫

从前有一班年老淫妪，在南京路西头幽僻荒凉之处（即现在的静安寺路一带）租赁陋室几间，备好母夜叉、鸠盘茶一流四五人，专备无赖僧秃合欢之地，名叫"龙宫"。僧秃去游逛，他们有暗号的，名叫"请游龙宫"。

"龙宫"两字多么庄严而璀璨，今竟变了龌龊神秘场合，龙宫龙宫，世间多少罪恶都假汝之名以行了。人们说起来，都道现在秘密魔窟的多，不知道几十年前已有这种无耻的卖淫。

领港朋友

开到外国去的轮船，在船上设有固定的领港员，他的职务是非常地重要，逢到轮船在海洋中要入口时候，必要经过领港员的指示方向，才不致于迷路和发生意外地危险。

今神秘之路（即北四川路）北段和霞飞路西段也有领

港人，不过他们的职务并非指示轮船入口，是一种"拉皮条"的别名。他们对于出卖灵肉的所在地，不论罗宋咸肉、高丽咸肉、矮子咸肉，都很熟悉，瞭若指掌。每天傍晚，在北四川路靶子路以及霞飞路一带，蹀躞往来，贼头狗脑的东张西望，瞧见衣履入时、缓缓步行的人，他就迎上来，低声说道："先生，阿要领你去白相东洋寡老……罗宋寡老……"你如果愿意去的，只要点一点头，他就会领导你去。末了，给他四毛钱作为领港费，倘使碰到阿羊哥一流人物，他就要争多论少，一块、两块都无一定哩！

幺二堂子的新章程

幺二堂子（即二等娼寮）的种种规则，向来是墨守旧章牢不改变的，如叫局两元，打茶围一元，夜厢第一夜六元（故有"六跌倒"之称），第二夜起减收四元。此种旧规则已施行几十年了，不若长三堂子，早已一变二变至于三变，故俗谚有"烂污长三板幺二，着铁绷硬打野鸡"之说，这一句话是称誉幺二堂子的刻板划一。

不过到了近年，也微有些改变了，夜厢已经增为八块，第二夜起也要五元，故"六跌倒"一说应改为"八跌倒"

了。叫局一回，向来要两块钱，现在倘使有熟客去征召，给她一块钱也可以了，不过仍旧要现开销的，和粤妓一样。这是幺二堂子的新章程。

从前幺二堂子，都聚居在公共租界棋盘街、横街和鸡鸭弄一带，自从抽签禁娼以后，她们早已乔迁到法租界去。

白板对煞

麻雀牌中有白板四只，譬如甲客得两只，乙客也得两只，大家等碰而偏偏不来，此名"白板对煞"。这一句话现在已移到妓院里来：一个妓女，同时有两个嫖客等她去销魂真个，也叫"白板对煞"。但是妓女越时髦，越会胡调，这种白板客人也越多，不知道是什么缘故？一说，因为时髦和爱胡调的妓女，其交际艺术必高，交际广了，转她念头的嫖客也必多，而有交情的嫖客多了，常常会演出"白板对煞"的活剧来。

坐房间

到三等娼寮（即野鸡堂子）和咸肉庄上去打茶围，照例须给她一块钱，才可小坐一回，调笑一次。她们还献上两盆东西，一湿一干，请你尝尝，她们自称"坐房间"，又称"装干湿"。不过咸肉庄上是没有干湿东西给你吃的，只给你清茶一杯而已。

如果到二等娼寮（即幺二堂子）去打茶围，名叫"移茶"，临走时候也须给她一块钱。倘使到头等娼寮（即长三堂子）去玩玩，如果彼此相熟，不但不要给钱，而且还要供给你香烟、糖果和点心。同是打茶围，也有种种的分别呢！

吃剩的姨太太

有寄生姆妈者，继薛大块头之后而执皮条界的牛耳，一般痴男怨女都奉若神明，交际之广、神通之大，确与当年的薛大块头相像，其魔力着实不小。每天在路上碰见熟客，她必道："有一位'吃剩的小老婆'，吾来介绍你，你要么？"更逞其口辩，说得这位"吃剩的"如何地姣艳，如何地风骚。或者熟客谦逊道："要是要的，可惜吾是穷措大，日常生活还不能维持，哪有余力来周旋？对不起，只好敬谢不敏了。"她才悻悻而去。

从前有一个叫化子，每天晚上在各大公馆门口，直着一只破喉咙嚷道："老爷，太太，有什么吃剩的燕窝人参，做做好事，拨给穷人吃吧……"吾们尝叹为趣事。今又有"吃剩的小老婆"，可说一声无独有偶了，呵呵！

牛奶总统

民九（即庚申年）春间，有企妹牛奶糖公司因欲推销糖果起见，特举行花选，名曰"企妹香国选举大会"。租赁永安公司天韵楼一角地举行，聘请张桐花（一鸣）氏为选政主任，更假吴书箴主办的《电光日报》为选举机关，每天在报上刊载诸妓照像和选举消息。等到三月十六日开票，琴寓老六当选为大总统，乐情和陈第当选为副总统，琴楼当选为国务总理。发表以后，由企妹公司赠给琴寓新式大铜床一只、柚木西式家具一房间，乐情与陈第各赠柚木西式衣橱一座、梳妆台一只、沙发睡榻一件，琴楼也赠梳妆台、沙发等物。

琴寓虽荣幸当选花界总统，但事后一般人都目为"牛奶总统"，可谓趣极，因这个高位置是由牛奶糖公司所产生的缘故。今事隔多年，赫赫的总统、总理不知到哪里去了，《电光日报》也早已停版了，吴书箴、张桐花也相继故世了，使人偶一忆及，不禁兴沧桑之感。

娟门中的口头禅

娟门中的术语已刊入本书上集，兹篇所记系娟门中常用的口头禅。客人在妓家赌博摆酒，统名"做花头"，做过花头，以钱犒赏男女仆役曰"下脚"，称男女仆役曰"做手"，逢节迁移曰"调头"。客人不赌博而只摆花酒曰"赤脚酒"。妓女擅将客人的钱物拿去曰"抄小货"，额外向客人需索曰"开条斧"（"开条斧"三字，本是白相人口中习用的切口）。客人允许做花头而临时失约，曰"唱滩簧"。逢节向客人索取手巾钿，曰"吃粢饭团"。生客初次到幺二妓院去游逛，院中各妓都一齐出来听客拣选，曰"移茶"。骂起人来时常带着"接肯"两字，客到花烟间去行乐曰"跳老虫"，客到幺二和野鸡妓院去过夜曰"夜厢"。

年年十六岁

娼门习惯，花姑娘的芳龄，不论她已十八九或廿二三，如果嫖客问起来，她必以多报少，答道十六岁。倘使今年碰见她，她说十六，明年再碰见她，仍旧说十六，故有年年十六、一律十六之称。因为不论哪一家花姑娘都是如此说法，年龄以多报少，已为娼门中的普遍习惯。前闻某老鸨说："不是吾们要说谎，因为客人方面大都欢喜二八妙龄的花姑娘，故不得不如此说法。"二八者，适为十六之数。

搭壳子

什么叫"搭壳子"呢？就是追逐异性的代名词，俗语叫"钉梢"，掉句歇后语，叫"甲乙丙……"。

这"搭壳子"三字，现在已盛行于白相人的口中，他们见了面，必问："今天搭着什么壳子？"倘使对方钉到一位漂亮的摩登妇女，必回答道"一只美丽牌"，如果钉着一个丑陋的异性，他们又叹口气道"一只强盗牌"，表示他们的失意和怨望。也有人到旅馆里去开房间，向茶房道："有漂亮的壳子么？喊一只来玩玩。"这简直叫异性为"壳子"了。

人兔子

　　人而曰"兔"，可谓卑贱之极。玩"兔"的调调儿，从前本盛行于北方。一般无耻之徒，自愿降低人格，做这项像姑相公的丑业，很多很多。不过其间，并非出于自愿，由环境造成的也不少（与卖淫女子非个个自愿的相同）。民国以后，这项丑业已慢慢地衰落了。

　　上海的"人兔"，在民国二年间已经发现过。那时作者初入报界，一天编辑部中接到邮差送来一份请束式的传单，一面刊着"人兔"的小照，一面刊着肉麻当有趣的启事，后刊"兔窟"的住址。启事里面无非说这只"人兔"生得如何俊秀、招待如何周到，他们底意思是欢迎吾们去尝试。那时沪上的淫风不及现在炽盛，卖娼的花样也不如现在的多，玩"兔"这个调调儿谁愿去干？因此不久他们就偃旗息鼓，无影无踪了。

　　不料最近五六年间，这种"男风"又大盛起来，他们的装饰几已完全女化，且也涂脂抹粉，骚形怪状，乍见之下，殊不易辨别雌雄。而且仿效淌白办法，在那游戏场、各公园里蹀躞往来，飞眼媚人，以待断袖癖者和好奇人的青睐。他们也印好像窑姑娘一般的小卡片，派人在妓院中、旅馆里随时分送，片上印明"兔窟"的所在地，玩者可按图索骥，登门去打茶围。在旅馆、酒肆中，也可书条叫来，随便玩玩。

租界行政当局为维持风化起见，如果撞见"人兔"，拘罚惩办，不遗余力。但拘罚尽管拘罚，这种恶风气并不见得消灭，原因于生活的逼迫，或其他恶劣环境所造成，真正自愿作贱的恐怕也不多罢！

流动的卖娼

各旅馆中，都有卖娼妇女混迹其间。卖娼之中，有淌白，有野鸡。她们与茶房有相当的联络，每到夜分都不召而来，如果客人临时看中了她，讲定价格即可真个消魂，由茶房作媒介的也有。如找不到客人，她们或在走廊中蹀躞往来，或和茶房随意闲谈，等到深夜没有主顾，她们才失望归去。

这种妓女，可名谓"流动的卖娼"，除去流动按摩、流动卖唱以外，这是第三种的流动生意。

神秘的折扇

去年夏天，作者在福州路（即四马路）上走过，看见一个卖折扇者，手里拿着一把折扇，口里嚷道："无毡无扇，神仙难变。"作者听了，莫名其究竟，上前问他有好的折扇吗？他连忙从背袋中取出一扇，瞧之扇面有画，涂着彩色，作牛女双星会，横隔一天河，微云相接，意境缠绵，两星相视作斜睨状，画为石印板，很工细精致，讨价一元。作者因价太贵掉头而去，卖折扇人又说道："先生，请你再细细的瞧一瞧，究竟值不值……"复略一翻看，则画之正面竟一变而为妖精打架图，于是神秘尽露。后闻此扇至少要卖八角一把，如没有神秘的色彩，至多二三角足了。因此之故，一般买主多存好奇心，纷纷购买，十几把折扇顷刻而尽。唉！神秘的折扇。

宁波堂子

海上的宁波堂子出现到今，不过几年光景，她们是没有固定的艳窟，都租借旅馆房间为驻足地，如浙江路之神州、三马路之老东方和亚洲，以及湖北路之乐群等各旅馆，都是她们的大本营（法租界有几处旅馆也有）。她们在旅馆中，常年包定一个（或二个）房间，也有"做手"和老鸨，也同长三、幺二一样，欢迎客人去"做花头"（即碰和摆酒）。倘使嫖客看中了一个妓女，希望和她真个消魂，到了成熟时期，必须另外去开一间同圆好梦。她们堂子里，因为地小人多，借干铺也不能，莫想借湿铺了（湿铺两字，要意会的）。

海上娼门除去私娼外，都要向当局报名纳捐，领取执照，才可营业（一作淫业）。而此种宁波堂子都未纳捐，以故她们虽公然做生意，其实也是一种私娼而已。

到宁波堂子去"做花头"，其代价比较在长三娼寮便宜得多，而且叫堂差是照例不给代价的，她们的唯一收入，只希望嫖客去多"做花头"。

神秘之街的一角

一条北四川路，人们都目为神秘之街，因为这条路上的玩意确实很多，不论玩的喝的、嫖的赌的，色色俱有，且都带些秘密色彩，故曰神秘之街，可以当之而无愧了。

靶子路朝北一带，简直像××人的殖民地，东洋的咸肉庄也有多家（罗宋咸肉庄也有）。她们的房屋很狭小，设备很简单，大都租赁一间楼面，摆了两三只木床和一些家具，雇了一个老妈子。一间楼面又分为两截，中间不用木板隔开，只用一块色布遮蔽而已。

她们的生意来源，雇好一班临时介绍人拉拢（即领港朋友），也有用黄包车夫为向导的。他们每天下午在那人行道上蹀躞往来，鬼头鬼脑，看见一个衣服漂亮的人走过，他们在背后轻轻地说道："先生……阿要领你到东洋堂子和罗宋堂子去白相相。"事成以后，他们拿取回佣，以作报酬。至于打炮代价，漫无规定的，都是因人而施，从二块钱到四五块为止，夜厢则四块以上、六块以下。

还有一种黄包车夫，临时改充皮条掮客，他们拉着车子，在路旁缓缓而行，你如果向他瞧瞧，他即低声说道："先生……阿要拉你到东洋堂子、罗宋堂子去白相，请先生随便吧！"他们名虽拉车，正当乘客倒不在心上，专以拉拢两性接触为目的，事成以后也拿取回佣，回佣数目大概以二八为多（即妓寮方面拿八，介绍人拿二成）。

到罗宋庄上去白相，代价比较东洋庄来得昂贵一点，想是她们挂着外国姑娘的招牌，不得不提高其"肉"价了。

阔哉包客

一班肉食之徒逛逛娼门、嫖嫖堂子，对于性的方面还嫌着玩得不能畅快和满足，索性包一个私娼或公妓，作为长时间的泄欲场所，这玩意儿叫作"包客"。

包客的唯一义务，对于她每个月的生活费完全由这个包客负担，数目从几十块起到几百块都无一定的，要看她面貌妍媸和身份高下而定。包了下来，不许她们再和别客发生肉体关系，这一块禁脔只有包客可以大啖而独啖了。

不过话虽如此，其实娼门中人都是水性杨花，贪多不厌的，你虽包了她，在势也不能够一辈子日夜看守她。她们觑你出外了，或这夜因事不来，她们就会对你不起，要和别的嫖客鬼混，寻些外快了。在包客方面，自命虽夸称独尝这块肥肉，不许旁人染指，故化掉许多大洋钿也是情情愿愿的。不过在她们看来，仍旧要叫你一声"冤大头"和"大洋盘"哩！

花烟间

卖性妇女中有一种烟妓，比较雉妓还要低一等，差不多要算最下等的娼妓了。她们底所在地不叫堂子，是叫"花烟间"，从前的小东门和兰芳里、磨坊街、打狗桥几处，都是她们的大本营。

　　怎样叫做花烟间呢？因为嫖客到门，她们拿出一盒用肉皮料子熬成的鸦片烟请客吸食，一面吸烟，一面调笑。等到臭烟（这种烟都是臭而不可闻的）吸完，手巾揩过，就此送客，客人只给她小洋二毛铜元十枚。倘使要解除一时的性欲冲动，同她来一下，也只小洋六毛，一切小帐，都在其内。这种办法，和韩庄上去开一炮相同，不过她们不叫开一炮，却叫开房门。如果要住夜，只须一元二角足了。姿容稍微动人一些的烟妓，一天到晚要关上十回八回房门，也常有的事。请问这种人物，有毒没毒，那可不辩自明了。

　　到花烟间去的嫖客，大约可分二种：一种是车夫、挑夫和小贩一类，他们因为一时性欲冲动，又因经济关系，嫖不起上等娼妓，只好将就将就；一种是初到上海的土老码子，偶然在她门口走过，被这班烟妓用绑票式的手段架进去，要走也走不脱身，只好谨遵台命，赶一次合作的把戏。

　　自从鸦片严禁以后，她们已不用臭烟来敬客（现在改用什么东西，未尝去实地调查，只得从缺），不过人们说惯了嘴，现今说起来，仍旧叫她"花烟间"和"烟妓"。

　　她们的房子都在沿马路或弄堂里边，一只扶梯装在大门口，凡是花烟间，差不多十家倒有九家是一样的装设，也算她们的一种特别标帜。

女相士

相面先生本是走江湖生意之一，他们的秘诀就是讨取口风和阿谀吹拍为能事，确能善观气色、断人祸福者恐百不得一，而相面中尤以女相士为最可笑、最可鄙。

她们既称女相家，刊登广告，印发传单，倘用"相术神奇"四字来号召，还说得过去，然而她们却标着"天仙化人"，请问"天仙化人"和相面有什么关系？照她说来，简直不像替人相面，是卖色一流了。她们对于顾客又十分地迁就，不论在妓院里、旅馆里、菜馆里，只消打一个电话去，她们立刻会姗姗而来，移玉就教，而且"相金两元，出门不加"。因此一般好色和好奇的只要牺牲两块大洋钿，就可饱餐"天仙化人"女相家的秀色，恭聆一番娇滴滴、软绵绵、使人肉麻当有趣的妙论了，真是便宜。

自从去年闻莺女相士被人谋毙的血案爆发后，女相士的内幕和本来面目已完全显露，揭穿无遗。

作者旧箧中，现在还藏着菱清女相士传单一张，用桃林纸红墨印的，下有菱清、闻莺合摄的艳影，上面载着"诸君欲问前程，可以随请随到"，"并有慧心兰质的闻莺女郎同来，善观手相，相法奥妙神奇，能挽回造化，看了包你得意"这种措词，可谓香艳无比，夸大之至。尤妙在末句"包你得意"四个字，是十分地有含蓄，一般不得意的朋友们要想得意开心，快点去领教罢！呵呵。

一杯茶值五大元

到有女招待（即女茶房）的游艺场去白相，不论在哪一个场子里，你只要站一站脚，或在椅凳上摆一摆屁股，她们就会将热手巾递上来。一把不领情，再来一回；一个不领情，再换一人，等到你领情了，一杯（玻璃杯）热茶就泡上来。这杯茶的价值是规定的，起码要给她小洋二毛。倘使碰到不识相的乡下土老少给她一点，她们不客气的就要和你争论，非补足二毛不可。

还有一班醉翁之意的游客，临时看中了一位女招待，临走当口给她一块钱，她们才说一声"谢谢"；如果接连去三四次，每次都给一块钱，彼时她们也会意，以后就可进行秘密谈判，至是否成熟要看各人的手段怎样。

去年某游艺场来了一位公子哥儿，看中了一个花枝招展、十分骚媚的女招待。第一回泡茶就着了魔，临走时候给她五块钱，只落得"谢谢侬"三字，以后接二连三去泡了几杯茶，每回都给五块钱。后来这位公子哥儿和那个女招待居然情侣双双，在某大旅馆圆了好梦。据说公子哥儿在她身上花了几百块钱呢，同时一班姊妹淘（即在一个游艺场里充女招待的）都个个艳羡这个女招待的幸运不浅。她们说，一两块大洋钿吃一杯茶的醉翁客人是常有的事，也没有什么希罕，如以五大元的代价抵偿一杯茶钿，才是幸运的事呀！

有女招待的游戏场，以永安、先施、新新三家最多，她们没有工资的，全靠外快收入。且一般老茶客，叫唤这班女招待都叫"玻璃杯"，那么简直用物名来代替人名了。

一席菜值三百元

常言说得好："生在苏州，穿在杭州，吃在广州，死在柳州。"因为广东人对于别的问题都满不在乎，唯独对于吃的问题，是非常华贵、非常考究，一席酒菜值到几百块，一碗鱼翅值到二十块以上，在广东人看来很平常希松的事，以故"吃在广州"一句俗语，早已脍炙于人口了。

上海菜馆，要算广东馆子最多，整席菜肴的价目也最大。最上等的一席菜定价要三百元，在吾们一般穷小子看来岂不要啧啧称奇，而在它们馆子里既然有此名目，必定有人来尝试的。据说这种奢侈豪贵的菜肴价值在五十元以上，菜的原料是屏除猪羊鸡鸭常见的肉类，都用山珍海错、奇禽异兽等贵重之品，价值越大，选用的原料也越贵。古人说："富家一席酒，穷汉半年粮。"若以三百元一席的菜肴而论，要超过穷汉好几年的粮食了。

两个字值六十文

"两个字，六十钿。有疑难，试试看。"这种声调是靠在墙壁下摆拆字摊的朋友嚷着的口号，只消牺牲六只铜板，就可以解决人们的疑难大事。这种便宜很是难得，不过拆过以后灵验与不灵验，拆字先生当然是不负责任的，我来代替他们声明一下。

讲到拆字，其间也大有分别。跑茶馆，摆摊头，是起码朋友干的，故两个字大廉价而特廉价，只卖六十文。还有一种上等朋友，租好一间店面，或在大旅社开好一个房间，挂了拆字招牌，去拆两个字，至少要小洋四毛。还有一位严芙孙仁兄，他干的叫什么"葫芦测字"，两个字要取润二元二角，比较"六十钿，试试看"要昂贵到几十倍呢！

翁梅倩沿街卖唱

提起"翁梅倩"三字，凡老于花丛和老于顾曲者，她的声名都能道及。她一生遭遇和已故林黛玉仿佛，黛玉由妓而伶，复由伶而妓，并且一再从良，一再下堂，翁梅倩反反覆覆，确与老林有几分相像处。不过林则早已瞑目长逝，盖棺论定，翁则犹在人世，沦为沿街卖唱，作乞儿式的生涯。想起从前的一切一切，当不胜其沧桑之感。

三十年前，翁在安康里为妓，榜其居曰"一树梅花馆"（当时娼门风气都自称什么仙馆和什么馆之类），灯笼上面，不黏"公务正堂"，也书"一树梅花馆"五字。每夜乘坐飞轿出堂差，很为路人注目，固一赫赫有名的红妓。后来几次下嫁，几次下堂，都无善果。她本有一副好嗓子，后在四马路胡家宅群仙髦儿戏馆唱戏，饰须生一角，颇得顾曲家赏识，等到群仙歇业，才停止演唱。民七在新世界髦儿班里也露过一次脸，那时候的风头已远逊于从前了。

现在她年纪大了，又吃上了雅片烟，做妓女、做伶工都不可能，于是不得已每夜挟着一只胡琴，在弄堂里、马路边沿路卖唱，跑来跑去，希图赚几只角子的利益，以维持她的苦生活。

出卖淫书

卖淫书卖淫画是向干例禁的，一旦失了风拘到法院里，就要按律惩办。但是惩办尽管惩办，出卖依然出卖，这般小贩商，好像不做淫书生意就没有其他营业可干了。

在某一时间里，他们竟公然设了一个摊，摆出许多淫书，如《杏花天》《灯草和尚》《性史》《性艺》《肉蒲团》等一类书籍，印刷很恶劣，讨价却甚贵。譬如一本书，他说五毛钱，你还价一毛，他就卖了。故每天能卖出三四本，他们的生活就可以解决。后来当局拘捕得很严厉，他们才改变方针，不敢公然出卖，将各种淫书暗里藏好，摊头上摆出几本很通俗的小说，不过这种书都是纸张变色、封面破碎的本子，他们的意思并非要买客来买，不过装装幌子，避避耳目。人们经过其地，偶然站住了脚，瞧它一瞧，他就轻轻地说道："先生，有好的书在包里，阿要买一本看看。"这是他们做生意的暗门槛，所说"好书"就是《杏花天》《灯草和尚》一类而已。

小叫天之荣辱

　　须生大王小叫天，真名姓〈名〉是谭鑫培，后来废除别名，用真名姓〈名〉登台。他来沪演唱的次数共有多少，已记不清楚，姑且阙略。某年来沪，在黄楚九经理的醒舞台演唱（即在二马路浙江路口，现在拆造改建永安新屋）。一天排演《盗魂铃》，反串猪悟能，被一姓李的看客喝上一声倒彩，黄经理大怒，嗾令众茶房轧到账房间，打了两记耳光。此事发生后，被郑正秋主编之《图画剧报》上大肆攻击，郑先生说："看客喝好喝歹，是绝对的自由，哪可喝了一声倒彩，就有挨打之理？"当时都说谭大王倒楣，郑正秋义侠。

　　最后一次来沪，在九亩地新舞台演唱，前后共唱十夜，彼时风头之健可谓无与伦比，每天到三四时光景已有不少看客来了，他们情愿挨着饿赶来占据好座位。他的爱婿夏月润八老板，每夜亲自在台上照料。某夜演《空城计》，夏月珊和邱治云师徒两人分饰老军，每出戏刚刚演完，还未走入后台，已由夏氏昆仲扶掖进场，此时之谭大王可谓荣耀极了。这趟去后，隔不多时，即在北平逝世。

谭鑫培前曾供职内廷，故有谭供奉之号。庚子拳匪乱后，他正和赛金花过着同居生活，当时他的幸运也红到极点，有人编一竹枝词，曾记其事，末二句说："世人不管兴亡事，满城争说叫天儿。"的是纪实。

女裁缝

海上裁制衣裳的工匠，除普通缝工（即苏、广成衣匠）、红帮缝工（即专做西服及大衣工匠）外，还有一种女裁缝。女裁缝并不自己开设店铺，人们要请教她，她会上门来做，只要供给她饭食，每一块钱可做四工。不过她们的手术技能总比男缝工低劣，故叫女裁缝做工，都属于布衣服和小孩服装，还可勉强应付；倘使上等绸缎衣和皮衣服，她们便要逊谢不敏了。

缝穷妇

缝穷一业，大半是江北籍妇人充之。她们臂膊上挽了一只竹篮和一只小凳子，篮中放着剪刀、竹尺、线团和碎布之类，在路上走来走去的兜揽生意。她们的主要营业是替人缝袜底、做脱线和补缀衣服上的破洞眼。

店家的伙友、厂中的工友与商铺中的学徒，因为妻室和家长不在上海，故缝袜底和补衣服等工作都要叫缝穷去做，因此缝穷的生意也很好。至缝穷两字的解释，是专门替代穷人做工，故名"缝穷"。干这种活计的妇人，如果要统计一下，为数却着实不少。据说，还有一种年轻浪漫的缝穷妇，面上傅着香粉、画着眉毛，妖形怪状地出来勾引穿短衣服的急色儿，圆其好梦，以图得些外快，遂她的欲望。果有这种丑行为，实以缝穷为正业，"卖肉"为副业了。

野鸡大学

年来各种事业都受着不景气的潮流，处处显出紧缩和衰弱的状态，独有开设什么大学和什么学院的，反如雨后春笋，蓬勃怒发。你瞧，每回到了招生时候，翻开报纸来看一下，大学和学院之多足使你记不胜记、数不胜数。

大学既多，表面上足见吾国教育的发达，求高深教育的人多，但是骨子里却并不如此简单，因为这种不良大学校，人们在它上面加着"野鸡"两字，变成"野鸡大学"了。本来大学是学府的最高机关，神圣尊严，万民瞩目，哪能可以诋谓野鸡大学呢？岂不罪过吗？其实办这种大学的人，他们的宗旨完全如交易所一样，以营业为目的，故对于校舍务求美观轩敞，对于学费则高昂非常，对于学生纯取放任主义，因此训育和教育都马马虎虎。寄宿学生可以出外住旅馆，上课点名可由他人代之，学生成绩怎样，他们也不注意。等到修业完毕，再马马虎虎给他一顶方帽子、一纸卒业文凭，就算尽他们的责任了。

他们的内幕如是而已，莫怪人们要呼他为"野鸡大学"了，真是可叹！不过全上海的大学校和大学院，成绩优良、管理严紧的，确也不少，并非一概如是，那是作者要声明的。某日《新闻报》茶话栏小记者作的《救这个大学生》一篇文字，劈头说道："现在的大学，真是一个陷人的坑阱。"这两句话，可谓慨乎其言之了。

大学生

"大学生"三个字是多么高贵的名称，社会上的眼光，对于这高贵的大学生也非常地重视，好像满清科举时代对待举人、进士、翰林一样地重视。因为一个小孩子要从幼稚园起一直读到大学生，实在不是一件容易的事，他家里的老子要负担着一笔很大很大的教育费，才可以养成一个大学生。差不多的穷老子要想儿子到中学去攻读，已经是力不胜任了，哪有力量培植到大学里去？做到了大学生，已有相当的学识，家里的老子也必定很有几个钱。有此两种原因，故人们要啧啧称羡，非常重视了。

大学生是攻读高深的学科，且以未来的主人翁自居，应如何地专心一志，孜孜研求，日以继夜的探讨，将来才有学成致用的希望。不料现在的一般大学生，都以荒唐自务，如跳舞、赌博、嫖妓、斩咸肉、住栈房等种种嗜好，他们都染上了，而且呼朋引类，竞事征逐，习以为常。什么是攻读，什么是学问，他们都一概置之脑后，等到毕业时候，骗着一顶方帽子、一张卒业文凭，就算责任已尽。这种病根，要归咎于野鸡大学所造成，因为这种大学对于学生方面夙抱放任主义，其他教育与训育更糊里糊涂、马马虎虎的过去，以致酿成此不幸的现象。但是从好的方面说，优良的刻苦的大学生未尝是没有，不过这种荒唐的大学生确也不在少数呢！

镀金博士

一班专鹜虚名、不求实学的外国留学生，到外国去厮混了几年，骗到一张文凭和一顶方帽子，神气活现的归来，足以摆摆威风、骄骄妻子，倘使要试验其实在学问，可谓一点儿没有。时人称这类留学归国的学生叫"镀金博士"，可谓慨乎其言之了。每年到东西洋各国求学的留学生，不知道有多少，可是希望他们学成归国，为国家、为社会而服务的，简直不多见，要想造就些真正道地的赤金博士，更如凤毛麟角，大多数只带着镀金博士的头衔而已。

一只花瓶

在各机关各公司服务的女职员，人们都鄙视她为花瓶。花瓶也者，只不过客室中的一种陈设，只能玩赏，不能实用。喻女职员为花瓶，也不过是说供给人们玩玩而已。

吾们平心而论，女职员专在服装上面用工夫，不在业务上求进步，每天涂了脂，画了眉，洒了香水，穿了奇装异服，妖妖娆娆的进出，确是不少，如果晋以"花瓶"，也可当之而无愧。倘有朴实无华，在业务上尽职的女职员，也称她"花瓶",岂非是侮辱女性吗?但是上海之大、女职员之多,如果要求其没有"花瓶"资格的,倒简直很少咧!

包房间

这"包房间"三个字,不是娼寮中的名称(妓院中的组织有包房间和自己铺房间的区别),是一种交际灵活、朋友很多的人物。在各大旅馆中,长年租定一个房间,为赌博征逐之地(也有私售鸦片烟者),每天所得的头钿,维持他的生活,这就是所谓包房间了。在这种地方,可以雀战,可以饮酒,可以洗澡,可以叫堂差,还可以吸烟。它的内幕和总会差不多,不过它的组织比较总会更简单些,因为他们都没有照会。

他们因为是长年主顾,在房金上又可打一特别折扣,旅馆老板因它是长年租定的房间,对于他们也非常欢迎。这种包房间的主顾,在各大旅馆中,每家必有好几个,已成为现在流行的一种新事业了。

霞飞路上的俄国化

法租界上有一条很长很宽的马路，名叫霞飞路，不过此路在欧战以前不叫霞飞路而称宝昌路。自从欧战告终，法侨因欲纪念他们霞飞将军的功绩起见，特将全路改为霞飞路，以示永永不忘之意。

此路因地居法租界中段，交通便利，路旁又树木葱茏，风景很佳，因此有钱阶级都傥居于此，而俄侨也独多（与北四川路独多日侨相同）。他们所经营的各色业务，如药房、杂货店、酒排间、宵夜馆、跳舞场、按摩院、理发店、公寓，一应俱有。而俄国的乞丐在路上踯躅往来、追逐乞讨也不少。还有健而肥的俄国妇女，搽了很厚的香粉，擦了很艳的口红，在夜色苍茫里走来走去，竟触目皆是。现象如此，岂不成为霞飞路上的俄国化吗？

流浪的白俄

现在的苏联是赤色当道，而白色份子当然不容于祖国，迫不得已，转辗南来，流浪于沪上，其数很多。他们男性的，除了一部分充作要人、闻人保镖外，大多数都经营小商店，霞飞路上俄国式的理发店、咖啡店、杂货店、小卖店，都是此辈开设，低一级的，或徘徊街头贩卖毡毯布匹，或在路隅替人揩拭皮鞋和出卖除渍油膏的也很多。女性的，不外充作按摩院的摩女，舞场中的舞女，以及咸肉庄上的活肉。

还有真正穷无所归的，也有流为钉巴的乞丐了。人们莫小觑他们，这班流浪的白俄，从前执着政权时代，都是皇亲国戚，或是做过大官的，倘使一一地考查起来，数量着实不少呢！

邮局门前的苦力

北苏州路的邮政总局，除雇定的苦力外，还天天需要一班临时雇用的苦力，在苦力自己说是"打野鸡"。因此每天必有许多衣衫褴褛、蓬头垢面的苦同胞，愁眉双锁地站在邮局门前，伸头张目，等待司阍人的号纸快些抛出来。等到看见司阍走出，把手一举，这班可怜虫像饿虎吞狼般一拥上前，将司阍人紧紧地包围起来。司阍手里的号纸向空中一抛，纷纷落地，只看见尘烟四起，抢声震耳，互相争夺和践踏，一群黑手在那地上乱摸乱拿，拿到的人面有喜色地跑进去工作了，没有拿着的人只好哭不出、笑不来，垂头丧气退回河边，再等候第二次的抛纸。

唉！他们为的什么？都是面包问题。一小时的劳苦工作虽只有二三毛钱的代价，但是在他们已足够三餐无忧，一天混过了。

邮包公司

外埠各商号派驻沪上的办货客人，购好了货要寄出去，大半都委托邮包公司代寄，因为自己不明白递寄手续，而门槛又不精，故情愿除去每包贴足邮票外，再给手续费若干，交付他们代寄。

现在邮包公司也有好几十家，他们专以代人寄包为业务。譬如有一种包裹，数目为二百包，只消贴足邮票，完全交给公司代寄，至寄递时的验关等一应手续，他们都完全负责，而且很便当，很快捷。如欲自己一次去寄数百包的包裹，实在麻烦得很，因此客户方面情愿多出一注手续费，叫他们代寄了。

最早开设的一家邮包公司，是一个旅馆茶房，因为办货客人都住在旅馆里，购好了货，叫茶房到邮局代寄，另给车资和酒钱。后来包裹越寄越多，这位茶房就舍弃本来职务，开设一家邮包公司，专替代客人寄包。现在这位茶房老板，已积资十余万金，面团团作富家翁了。

味莼园

二十年前海上的园林，最著名而公开的要算张园、愚园、徐园三处。那时候南市的半淞园还未建设，法租界的法国公园和公共租界的各公园也未开放，故张、愚、徐三园称为最著名的园林了。到了现在，只有康脑脱路的徐园（该园最早在北福建路唐家弄，后来迁到康脑脱路）还存留着，亿定盘路的愚园久已收归私人所有，张园里边的大洋房和园地早已拆除的拆除，改造的改造，人们行经其间，徒增一层感触和彷徨而已。

张园又名味莼园，地处静安寺路西端，入门一片广场，左右满植树木，再进一座高大洋楼，名安垲第，洋楼后面有弹子房。该园的点缀虽不多，但当初的吸引力则很大，达官贵人和青楼红姑娘都常来园游览，入门不须门券，进安垲第品茗吃东西，另给代价和小帐。那时候逢到开什么会、欢迎什么要人，都借安垲第为会所，因为该园交通适中，又有广大的洋楼，上下可容几千人，临时借此开会是最适宜不过的。曾经到过张园安垲第的人，现在追想起来，不禁兴沧桑之感了。

新世界的隧道

　　已故黄楚九氏为创办游戏场的始祖，最先组织楼外楼，后来脱离该楼，复集股在泥城桥西堍跑马厅旁，创设大规模的游戏场，名"新世界"。过了三年，因与股东意见不睦，再脱离新世界而创办大世界。自后新世界归并经营三氏独力开设，又添设北部，特在马路底下建筑隧道，以便游客随意往返。隧道里面都用磁砖镶砌而成，费逾巨万，而游客方面只费两角小洋，可玩南北两部，甚是值得。当初经氏之意，欲与黄楚九竞争，不惜牺牲巨大的资本，后来因两部开销很大，而门券又不能涨价，因此四五年之间，亏耗达数十万元之多，卒至闭歇。今南部早已改设新世界饭店，现在仅北部由他人租开游戏场，也时开时闭，而马路下面的隧道久已闭塞而不能通行了。

尿坑上的招贴

随便走到哪一处公坑里边去小便，抬起脑袋来瞧瞧，出卖花柳药的 ×× 堂、×× 局的招贴，总是红红绿绿，密如繁星般的黏着，使人看了目为之迷。它们的招贴上说，专医下疳、白浊、横痃、梅毒、阳萎、白带一类的病症。他们的医术，必说"负责断根，无碍生育""当天见功，七天全愈""保不开刀""永不复发"等许多夸大名词，各局各堂的措词都是大同小异，没有什么大分别。

吾们看了这许多红红绿绿的尿坑上的招贴，可知花柳医生之多和性病之广。但是据熟悉内幕者说，他们所诩的"当天见功七天全愈"等神技，都用轻粉倒提，功效果然很快，不过用这种医法治愈的人，后来都要复发的，一天复发了就要有生命的危险。

至于说"保不开刀"一层，也有些靠不住罢！今年春季，有一个浴室堂倌某甲患着横痃，请教法租界东新桥街一位什么堂的医生治疗。医生用刀开割，不料手术不精，误断血管，顷刻血流满地，倒地不起，某甲的性命就此呜呼尚飨。这一件惨事发生以后，曾登载当时各日报，某甲的家属因此和这位医生提起诉讼，后来不知道怎样了结。唉！

屋顶上的八卦

上海人真好迷信，样样有忌讳、件件有风水，甚而屋顶上面也钉着一块八卦，更有连小方镜一面一同钉着的。如果细心地考察一下，十家之中倒有一大半玩着这套把戏。他们说钉八卦因为对过房子冲碰，很不吉利，如不钉它一钉，包管你晦气星进门，一年四季，会闹成家宅不安、鸡犬不宁，钉了以后，可以驱邪降福，事事如意了。也有在八卦旁边竖立着几只空酒瓶，那更不知其作什么玩意，有人说，竖立空瓶当作炮弹，以为镇煞。外国人不讲风水和忌讳的，他们不但不倒楣，更且国富民强。吾们一班浅薄的中国人，事事讲忌讳，好迷信，反而降做了次殖民地的可怜虫。

不过吾说的上海人，并非真正道地的上海人，因为上海地方真正上海人的确很少，都是各省各埠来寄籍的假上海人，反而独多。

外白渡桥

清朝咸丰初年，英国人某甲建筑大桥于吴淞江上，桥堍有人看守，过桥的人每人纳制钱二文，车与轿加倍给资。行人虽嫌麻烦，也无可奈何。等到同治癸酉年间，此桥经工部局收买，而天后宫桥、里白渡桥、盆汤弄桥也相继建筑，从此过客概不收钱了。这座桥的名称，就是现在横跨苏州河、崇闳伟大、桥面铺设钢轨、日夜行驶电车的外白渡桥。

陆逊墓址

后汉三国时代，东吴有一位少年勇将陆逊，是继周瑜执掌水陆都督兵权的大人物，哪知他的坟墓却在上海。当吾们走过静安寺路马霍路口，瞧见对面三四〇号的马房门上矗立着两个石人，里边即陆逊的墓址，那一对石人就是墓前的翁仲。但是现在坟墓没有了，早已改造马房了，他的一副枯骨究竟是否永埋在地下，或是已经迁葬它处，却一时没法去考证。

法国公园

法租界顾家宅地方，有一所法公董局所建的公园，人们都称它顾家宅花园。这个园林占地之广、布置之雅、树木之多、风景之胜，除却兆丰公园外，其他公园都比它不过。因此每天游客很多，尤其是在夏季，进进出出，不知道有多少。游客中间，有在树底花荫纳凉消夏，领略其天然风味，果然是很多；还有不少的痴男怨女，一对对一双双的情话绵绵，偷偷摸摸地大演其活剧的也不少；而一班妓女更装扮得花枝招展地施行其勾搭手段、卖性政策，也如穿梭般的不绝。

公共租界共有四个公园，法租界方面只有这一个。且法国公园虽售门票，一元五张须一次用完，隔日即作废，所以大概都是预先买好常券（常券可用一年，计洋一元），才可随时入内游玩。公共租界上的公园，除出售常券外，还零售门票，每券二角，都从客便。

地　火

上海开埠不久，即有"自来火"的创制。那时候的人们都少见多怪，啧啧称奇，又因火从地下而来，故不名自来火而叫"地火"。地火的创制未几，又有西人立德创制电灯。初行时，吾国当道惑于谣诼之言，恐触电伤人，竟咨请西官禁止，后来知其有利无害，才取消禁令，其愚昧如此。当十八世纪时代，在上者和在下者多没有科学常识，每见西人有所设施，不辨利害，就群起非议，甚或目为异端邪行。今日思之，岂不要使人哑然失笑了。

民间有一句俗谚，叫作"铁树开花"。自从自来火盛行以后，人们又说铁树开花应验了。这种附会牵强之谈，果不值识者一笑哩！

电　话

电话的创制，起于清代光绪八年（壬午），迄今已五十多年。那时有英国人名皮晓浦者，初在租界区施行，分设南、北二局，南局在十六浦，北局在正丰街（即广东路）。惟彼时没有什么电话机，也不用摇铃报号，自动机更谈不到此，倘欲邀人对谈，自己到局里去，纳费十二文即可和人谈话，后因生意清淡，经费不敷，就停办了。明年（即癸未年）天主堂神父、法国人能慕谷重起创设，改用电话机，从徐家汇教堂达到英、法两租界各洋行，以便报告风雨气候。后来人们知其利便，就纷纷装设，直到如今。不过从几十号电话机开始，经过了几十年的过程，现在已到数万号了。

从前电话是先报号数，再由接线生接通，才可接谈。自从四年前一律改为自动机后，要通电话，只要知道对方的号码，自己拨一拨即可对谈，比较先报号数尤为便当。此交通利器为西人德律风氏所发明，故又叫德律风（"德律风"三字详见黄式权作的《旧上海笔记》）。

剑公按，据记者所知，电话系美国加拿大州人氏名葛莱海姆培尔氏所发明，且"德律风"三字系英文 Telephone 之译音。若照英文之字义解释起来，前半 Tele 系作长距离之解，后半之 Phone 系作声音之解。如留声机器英文为 Gramaphone，有声电影内有 Vitaphone（即维太风），故黄式权所作《旧上海笔记》中强以"德律风"三字为发明电话者之人名，未免有些太武断而近乎杜撰了。容当于英文百科全书中将"电话"条详细译出，以飨阅者。作者又按，吾友剑公先生所说亦有理由，故也附记于此，但究竟如何，以待博者来考证吧!

孔夫子

行驶外海的各大轮船，其船名都取地名，如"汉阳""南京""北京""台湾""安庆""顺天""奉天""吉林"等类。作者曾经询问船公司有什么取义，它说，并无取义，不过欲其易于辨认而已。

从前××公司有一轮船，专走长江各口的，题着"孔夫子"三字，用中国圣人而题船名却是别开生面，后来驶到湖北地方，触电击沉。一说，孔二先生不愿袭用他的尊称，因此大为震怒，立召天神天兵来击沉的，以示惩创。此又迹近神话，不足为据了。

小押当

小押当又名押头店，店主人以粤、桂两省人为最多，因为该两省地方向有"饷押"名称。创始时候，专备军人未曾领到饷银，暂将物品质钱以应急用，故名饷押。不过到了目下，其营业范围早已不限于军人，惟是相沿下来，"××饷押"的名称却未改变。

上海的小押当约共一千多家，它们取息向来以十日为一期，每期三分，期限以六个月为止。几十年前清侯爵左宗棠来沪，鉴于押当的重利盘剥，谕令一律押闭，此最为小押当倒楣时代。后来禁令一弛，仍旧陆续开张，直到如今。不过从前大都十日为一期的，现在也有改为一月了；十日取息三分的，也有改为一月三分了；六个月期限的，也多伸长到八个月、十个月或十二个月了。只有几家老押店依然率循旧章的也很多，它们的招牌，从前都写"××押"，而且这押字写得特别大，现在早已改为"××当"了，以押字当市招的不很多见。小押当有时不察，误收赃物，逢到案发，法院派探往吊，本与利例不给还，质店与当店则给本不给息，此又两不相同。

依照现在国民政府规定的典当取息，每月不得超过二分。倘使月取三分，已是违法；若月取九分，更是违法之至了。它们的资本额，据说最少几千元，最大的须几万元到十几万元，都没有限止的，要看这爿押当营业范围的大小，才决定资本的多寡。

老虎灶

老虎灶为出卖熟水的小商店，因为它一只煮水的灶头形式有些像虎，故名老虎灶。

他们的水价，从前因房价廉、煤价低，故很便宜，一个大钱就可购买一杓沸滚的熟水，到了现在，一钱一杓的熟水已涨到五钱了。他们铺子的地位，大都开设在弄堂门口或弄堂里边，以便居住弄里的人们来购水。稍为冷僻的马路旁也有开设的，不过是少数而已。他们营业时间，从清早六时起，直要到晚上十二点钟才打烊（即关闭店门），更有邻近下等娼寮的老虎灶，通夜不打烊的也有。有的下面是老虎灶卖水，里面和楼上卖茶，这种铺子多开在马路旁边的。在弄堂里的老虎灶，更有摆好一只橱和一只柜，兼卖香烟糖果杂物的。他们同业也有一个团体，名叫水炉公所，逢到什么大事情，都到所里去开会讨论。你们切莫讪笑开老虎灶是一种低微的商业，其实做这种生意的人尽多着发财呢！

诗谜候教

打诗谜，一名"抽字条"。这个玩意儿是一种文人的赌博，并且由来已久。清季时代我们到松江去应童子试，每到夜间，一班当地的赌徒在沿街沿弄摆了一个摊，引诱许多童生去赌博，不过那时候输赢有限，顶多只有一二千铜钱的进出罢了。

六七年前，为上海的诗谜风潮鼎盛时代，各游戏场内竟至鳞次栉比，触目皆是，连得壁角里、走路口都有摊头。他们的输赢，虽说是只有卷烟和游券，其实暗里也可用现货（即银洋）进出。同时更有人租了房屋，开设什么××诗社的也不少。又有人出了广告费，在报上登着"诗谜候教"的告白，那么就索性公开的赌博了。后来各游戏场内的诗谜摊为当局取缔，才一律收束，租房设社的也陆续地减少（现在只有爱多亚路冠云诗社一家）。

到这种地方去玩，只消在摊旁站一站脚，他们的招待员就大献殷勤，劝你请坐。坐了下来，茶啊，卷烟啊，糖果啊，尽可不名一钱的随便饮、随便吃，那么一来，自己也觉得过意不去，只好出手下注了。不过玩这种赌博的，曾经在旧诗上面研究过的总便宜一些，且容易侥幸打中。如果不会做诗的，却要假充内行，胡乱下注，结果总是赢少输多。但是会做诗的也未必能条条打中，因为摆设诗谜摊人，都说他们的诗谜有来历而"对准古本"的，其实诗的东西浩如烟海，不论你怎样淹博，哪能可以一一的读过而烂熟胸中呢？有时候逢到生句，也只好瞎打一阵，尝试尝试。

摆设诗谜摊或诗谜社的人，自己大都不会做诗的，他们的字条儿都须预先请好懂诗的文人做的，每百条给他几块钱的润笔。诗谜鼎盛当口，依靠做诗谜生活的文人也有好几十人，究竟这个诗谜是怎样的东西呢？今举出两条如下：

英才尽至□	
曹齐陈秦韩	二

```
┌─────────────────────────┐
│ □看白发新               │
│     重惊同僬羞      三   │
└─────────────────────────┘
```

上列两条诗谜是五言句（也有七言句和双声的），譬如第一条是"英才尽至□"，末一字空了，句旁之"曹""齐""陈""秦""韩"都可随便嵌进去，一样地通顺，不过须押上二韵（齐）字才算中的，字条下面的"二"字即是抽出后押中的暗记。故未抽出以前，只露出上面诗句，下面的"二"字用纸套套住。第二条的诗句和第一条一例，但须押到第三韵（同）字才算中了。

他们对于押中的是以一配三，即一块钱下注，中了可得三块。这个玩意，岂非要懂旧诗的人才可以去尝试？可笑一般不懂诗的市侩和不识字的村夫也要强附风雅，假充内行去押诗谜、打字条，末了钱袋朝天，洋钱输光，他们还要笑你是一只头号的"大洋盘"。

好阔绰的大厂

花会决胜的总机关，名叫"大厂"（又名大筒），取名"厂"字的意义想必是范围广大的缘故，如各业工厂之类。

一班赌徒要自己直接进厂去决雌雄，名曰"进封包"，每包下注数目没有肯定的，或每包十元，或五元，都随时酌定。

赌徒走到大厂相近，即有厂中招待人领你进去，先将封包交给账房，制取收据。时候一到，厂方的重要人手拿银匣，当众开视。匣中黏有预先写好的红纸，写明花会的名称（如占魁、扳桂等类）。譬如这筒开的是占魁，只闻一片占魁之声，洋洋盈耳，各赌徒封包字条上有占魁字样者，即为中的，于是欢笑着等待账房配钱。倘使包内没有占魁字样，即是"吃稍包"（即钱包已被吃去，喻不中之意），就垂头丧气的走出。

闻说从前不用银匣子，是用一顶轴子，轴子上面写好花会的名目。开筒时候，这轴子从高处吊下来的，现下宁绍一带乡僻地方仍旧用轴子吊下哩！

开什么

每天到了下午五六点钟和晚上十一二点钟时候，不论租界、华界，总有好几处地方聚拢了男男女女许多人，鹄立着，仰望着，一时的空气就会紧张起来，并且他们都不约而同的问道："开什么？""开什么？"读者们，你道这句问话是什么意思？就是花会日夜开筒的报告，他们特地雇好几辆脚踏车（名叫快马），每次开筒以后，飞一般快的来报告开出的名目。这一班男女都是来探听消息的，得着了消息，再去转辗报告多数花会迷知道。"开什么"一句很平凡的问话里，却含着很多的悲剧和很少的喜剧哩！

现在华、租当局，对于花会很严厉的禁止，此后"开什么"的声浪总可以少闻了。

后门货

什么叫"后门货"呢？就是将别人的东西从后门口偷窃出来，半送半卖的卖给人家，这就叫后门货。做这种不道德的勾当，都属于管栈房的司事和商号里的老司务。因为这种后门货是不花本钱的东西，故卖给人家的时候都是半送半卖。俗语说"偷来的东西不值钱"，这句话可谓形容尽致了。

还有一种店铺，专门收买这种便宜的后门货，不论吃的、着的、用的、玩的，都一古脑儿收买下来，然后再整理一下，分门别类的卖出去。这种生意因为本钱轻，利息厚，以故很有几家收买后门货的老板发了一注大财，面团团作富家翁了。

丢　圈

　　游戏场里有一种摊头，似赌博而非赌博，其法横列长桌一二只，桌上罩以布单，杂陈钟表用品和各种玩物，每物旁边竖立尺许铁签，距离长桌五六尺地方围绕绳栏。有人在栏外手拿木圈出卖，每一毛钱可购若干圈，立在栏外远远丢掷，木圈套中铁签，即能得彩。譬如套在钟旁的铁签，即得钟一只，其余依此类推，不过很不容易掷中。此种玩意名叫丢圈，又叫套圈。

　　其实此项玩意儿创始很久，五十年以前已有发现了，不过当时没有游戏场，大都租赁空屋一间，屋内陈设如现下一样，每圈只卖钱十文。后来生意兴隆，争相开设，多至几十家，乃经官厅取缔，才各收场闭歇。

丢　票

　　市上的小押当，除掉重利盘剥外（押当取息大都每月作三期，每期取息二分至三分，也有月算的，不过少数而已），还有丢票的黑幕。丢票怎样丢法呢？即将满期呆货（如过时衣服和钟表杂物之类），因为没有主顾来交易，他们才施出丢票的诡计，写好一张质券丢在路上，路人拾得后，看看当期很近，又是衣服和钟表等应用的东西，欣欣然前往赎取。等到东西到手，瞧瞧有些不值得、不合用，要想依照原价当进去，那位押当伙计已不能答应你的要求了，换一家试试也是如此。因为这种东西都是落伍货、过时物，满了当期也没有人来交易，他们才想出这个丢票害人的诡计。

裱画店之换天头

裱画店之作弊相沿已久，逢到名人画件叫它装裱，它能牺牲少许金钱，托画家（这种画家都是能画而不著名的）依样画葫芦的临摹一幅，其他纸质、钤印都可摹仿，手续完毕，即可以伪乱真，并将真者藏起，伪者给人。物主虽欲分辩，苦不得到证据，只好忍气而退。除此以外，还有换天头之法。什么叫换天头呢？譬如碰到一种名贵的古画，先用矾水发透，揭开为二，画的颜色，上层较浓，下层较淡，然后润以颜色，加以渲染，款识、印章都能脱胎，裱好以后，将上层的藏起，下层的给物主。这种秘法又叫偷龙转凤，纸张须夹贡宣纸方易着手。故有名人画宝交店装裱，不可不特别拣选诚实可靠的店铺，才能免受其欺。

贼　技

在那公共汽车、电车上和转弯抹角的拥挤地方，专在人们身畔偷钱夹、偷时表的窃贼，名叫扒儿手。他们也有师父传授，也须练习多年。练习时候，将一件绸长衫挂在壁间，袋中置放很沉重的皮夹一只，朝斯夕斯，要练习到将皮夹取出，挂在壁间的绸长衫一点儿不激动，才可毕业，贼师才允你出去放生意。最近因失风而吃官司的杨金奎和韩才狗，夙有"扒窃大王"之称，因他手法灵巧，能使人们失去了东西还不知不觉咧！

做这种扒窃的贼徒，从前本各有地域，分段行窃，故每一窃案出，比较的容易破案，现在据说已不分地域，统一行窃了。

吃豆腐

"吃豆腐"三个字，是白相人口中的行话，他们说话的意思并非真的要吃什么豆腐，是吊女人膀子的隐语。吾们在那公园里边和游戏场里，常常听见"吃豆腐"的声浪，正是他们进行调戏女子的工作。不过逢到老练的女子，坦然回答道:"老娘不开豆腐店,你们欢喜吃豆腐,快到豆腐店里去……"这几句话一说,就要吓退这班寻吃豆腐的白相人,不敢再施轻薄,因为知道对手方也是老白相,不容易逗引了。

还有一种人,以鲁仲连和向导自居,等到事情妥当后,须请他饮一回酒、吃一顿饭作为酬劳,他们的隐语也叫"吃豆腐"。豆腐是白的,象形取义,想是吃白食的意思。

最近吴稚晖老先生为了厂商荣宗敬周转不灵事,致书实业部陈公博部长请求维持,信中第四句即说:"中国吃豆腐者太多,故冒险者少。"中间又说:"实彼等虽属专家,而生性吃豆腐,又阻于吃豆腐之环境……"吴先生所说的"吃豆腐",寻绎文义,想是因人成事的意思,和白相人口中的行话意义就大大的不同了。

吃盘子

做金子生意的人(即交易所中经纪人),他们的手段很敏捷,眼光很锐利,算盘又很精括,故每天早、午两市赚进几百几十,多到几千,是极平凡的事。他们的主要业务,虽说专诚代客卖买,拿取规定的佣金,可是其中的黑幕重重,倘使客户是洋盘一流,那么对不起,就要翻你的门槛了(即使人受愚之意)。

他们的花样,除去抢帽子与捞帽子外,还有吃盘子的秘幕。什么叫吃盘子呢?譬如客户欲买标金七条,言定每条行市一百元。到了行市九十元时候就买下来,稍停对某客户说则称一百元,这样一转移间,其获利已大有可观,这就叫作"吃盘子"。

吃百家饭

在旧式的人家,做起红白事来(即喜事、丧事),必要临时雇用一班男女仆役去帮忙,男的如二爷,女的如喜娘等类。这班人物,他们自称吃百家饭,因为一年四季到处乱奔、到处赚钱的缘故。不过联想到吃百家饭的人,还不止二爷和喜娘,其他如和尚、道士、清客串、军乐队等等也是吃百家饭的,还有沿路募化的僧道和沿门托钵的丐徒,简直是吃千家饭、万家饭了。

现在新提倡的集团结婚和到殡仪馆去入殓的喜事、丧事,却用不着男女仆役去帮忙了。再过几年,吃百家饭的人也要叹末路穷途,无饭可吃了。

叫 魂

喜欢弄鬼戏的人们，他们家里的小孩子偶然受了一些惊恐，夜里不能安睡，做爹娘的就要疑惑小孩受惊而失魂了，魂既失掉，非举行叫魂（又名"叫喜"）不可。叫魂的顽意共有三种，一种是拍床沿叫，一种是门角落里叫，一种是屋檐下叫。

拍床沿叫，大约因为孩子睡眠不安，哭哭啼啼，做娘的便在天色将明的当口，轻轻地手拍床沿，低声地喊着："阿囡居（作回字解）来吧！"连叫十来声，就算完事。

门角落里叫魂，则孩子生了病，求仙方不灵，乞神助不愈，做娘的以谓魂灵儿一定飞到天空去了，非举行叫魂不可。先买了安息香两支，燃上火，再用红纸一小张，折成小包，燃点一副香烛，当天磕好四个响头；再拿孩子平常穿的一件衣服，由另外一人抱着，再由一人左手持小红纸包，右手拿安息香，再由一人照了烛台，一同往门角落里、窗背后、墙脚边，甲大呼"阿囡居来吧"，乙轻轻地答道："噢，居来哉。"甲每呼一声，乙即答一句，等到觅着一只小蜘蛛，即面现笑容，齐声道："居来哉！"立将此蜘蛛放入红纸包中，郑重回房，放入病孩枕头底下。

还有一种屋檐下叫，不论孩子或成人生了大病才叫的。

须用梯子一只靠在檐下，一人照纸灯笼一盏，一手拿着黄纸甲马四十九张，喊一声"阿囡（或成人名字）居来吧"，便烧化甲马一张，一面喊，一面烧，等到蜘蛛寻着，大家就答应："噢，居来哉！"这一幕顽意才算完场。

生了病不去请医服药，而在这上面用劲儿，这病哪有痊愈的道理？而且灵魂与肉体是不可以须臾离开的，当真灵魂失掉了，虽你们叫破喉咙，也休想回来。这一点小常识，他们都不知道，实在是可鄙而又可怜。

麻衣债

在重利盘剥的借债上，除掉印子钿、皮球、一角过夜外，还有一种叫"麻衣债"。

借麻衣债的人，都属于公子哥儿一流。他们家里的老子虽很有几个钱，因为嗜财如命，轻易不许儿子浪费，那么一来，他们就不能挥霍，不能挥霍就要失掉公子哥儿的资格。于是他们不得不向人求情，或辗转设法借到一笔一笔的债款，借票上面写明这笔债款须要等他老子伸直了脚，穿了麻衣才加利奉还，故叫"麻衣债"。

放麻衣债的重利盘剥却和放印子钿等相像，不过办法不同。譬如你借他五百块钱，交款时候只有三百有零到手；利息也很重，又要先扣去几年，更有介绍费、手续费等也须当场扣去。将来还债时，却一个大钱也不能少，因为借票上面写得很清清楚楚、明明白白，而借债人又须亲笔签名，你要图赖也没法图赖了。

一班视钱如命、死要挣钱的老子，趁着双脚未直的当口，看看你们的公子少爷是什么行为，也可以趁早醒醒罢！

出兴隆票

开了一爿店，总希望事事顺利，年年赚钱，这是做生意人底唯一目的。不过这个愿望是不容易达到的，一时因营业清淡，亏蚀太多，要想支持也没法支持，最后办法只有关门大吉。但是关了门，除将一切生财底货抵偿亏欠外，还欠了许多债项。债权方面或因亲戚好友之故，或因多年往来的关系，事实上都不欲起诉穷追，这一堆债项只好出兴隆票以了结。

这种兴隆票怎样出法呢？譬如欠某甲五百块，欠某乙八百块，欠某丙六百块，欠某丁三百块，由被欠人各书借票一纸付给甲、乙、丙、丁四人，票子上面书明欠款若干，没写还债日期，也没有利息，只写须等到被欠人经济宽裕、业务发达后才照本奉还，这名儿叫作"兴隆票"。

藏着兴隆票的人，要收回这笔款子，不过是百份中之一二，因为当时出票人和收票人都是互相敷衍塞责的办法而已。

阿羊哥

处处受愚、事事受气的人，沪谚谓之"洋盘"。除了洋盘以外，还有一种人叫"阿羊哥"，和洋盘的意义似同而实不相同。

在花柳场中，常有短衣不整、面目黧黑、垢污盈积、语言鄙俚之徒徘徊其间，而异性们对他大献殷勤，唯命自从，打情骂俏，其乐无边。因为这种人的外表虽恶陋，而袋里的花花绿绿钞票却麦克麦克，用之像泥沙，取之则不尽。她们看在金钱面子上，不得不拚命巴结，肉麻当有趣，不过背后要叫你一声"阿羊哥"。要得到这种阿羊哥的资格，也不是容易的事，第一要有充足的金钱，才可以得到呢！呵呵。

还有一种经验欠缺、一窍不通的，在人面前假充能人，也叫"阿羊哥"，又叫"屈死"。

水　鬼

人是陆栖动物，故居陆上，虽擅长泅泳的，也不过偶而玩玩。惟有一种水鬼，能以三天三夜钻入海底，无损毫发，其技能很有一记的价值。

所称为水鬼也者，的确是人，并非是鬼，因他具着钻入海底的本领，人们以水鬼呼之。逢到船舶闯祸、人货沉没的当口，却要雇用这班水鬼钻到海底中去捞摸尸体和货物了。

水鬼的技能，从幼小时候即须从事练习，先从海滩旁边练起，第一步习游泳术，第二步习钻水术，直要练习钻到海底为止。他们不但能够钻到海底，并且带了干粮，可以在海里等三天三夜，毫无妨碍。他们既能入海，又能居陆，却和两栖动物差不多了。他们的居处都在吴淞与虹口一带，平时没有工作可做，也相率结伴入海嬉戏，因为他们是与水国有缘的缘故。水鬼入海的时候，虽身披一件皮质透气的保险衣，然而若非夙娴水性的人，穿在身上也要溺死的。

卖　羊

甲骂乙"卖羊"，乙也骂丙"卖羊"，这卖羊的声浪最盛行于白相人和吃公事饭（如包探、稽查之类）的口中。但是这"卖羊"两个字究竟怎样解释呢？譬如有一个人，本非文士，却装得斯斯文文模样；还有一种人，本非善类，却又做得像良民光景，这几种人都是"卖羊"一流。

从前有"挂羊头卖狗肉"两句古话，就是讥诮一个人的行为做事含有欺诈性的、不忠实的，即是"挂羊头卖狗肉"的一类了。沪谚骂词中有"卖羊"两个字，想必也是根据这两句古话而来。

卖　相

某甲卖相好，某乙卖相不好，这一类的谈话是常常可以听到的。究竟这卖相两字怎样解释呢？就是说，在社会上混饭的人，第一要有卖相，才能到处得着便宜和受人的重视，倘使没有卖相，惟有到处吃亏和受人白眼。

"卖相"的意义是这样的，一个人要身材颀长，五官端正，言语响亮而伶俐，和人谈话对答如流，见鬼说鬼话，见人说人话，衣服冠履也要时式摩登，如此才可称得起一声"卖相好"。至于他的肚子里或茅草塞满，或一窍不通，那是毫无关系的。如此说来，社会上人们的眼光完全是"以貌取人，失之子羽"了。反过来说，譬如有个人藏着满腹经纶、倚马千言的学问，倘使没有卖相，却要处处受欺、路路碰壁，这就是显出人们眼光浅薄和势利观念太深的象征。

其他吃团体饭、吃慈善饭和各业中的跑腿（又名掮客，亦即卖买介绍人）这一路中的人，第一要有卖相。还有拿了大皮包东奔西波的马路政客、投机分子，更需要的是卖相。有了卖相，将来才有大出锋头和升官发财的希望。

冲　鸟

豢养禽鸟，本是有闲阶级的玩意儿，骨子里并充满着快乐主义。养鸟的人总是唱戏的伶人和没有职业的白相人，以及靠着老子享福的小开（即店铺中的小主人）这几种人为多。但是养了鸟，天天要冲鸟的。天色刚刚明亮，他们就要拎着鸟笼，到跑马厅竹篱外面，或是手里拎着，或是挂在树枝上面，这就叫冲鸟。那时候百鸟齐鸣，鸟声啁啾，豢鸟人凝神一志的静听着叫，大有万事不管、只求悦耳之概。

六马路西头有一家龙园茶馆，开设迄今已有好几十年了，这爿茶馆差不多早已变成养鸟人的俱乐部。茶馆里边，里里外外挂满着鸟笼，因为养鸟人冲鸟以后，还须到龙园去喝几口茶、谈几句天，享乐一回，才打道回去。还有城隍庙里两家乐意、赏乐茶馆，也和龙园一样为养鸟人集会地点。楼下开设点心店，楼上却满挂着鸟笼，因为住在南市区的养鸟人都在城隍庙里冲鸟的。除此以外，别的冲鸟地方虽有，总是稀疏零落，比较跑马厅和城隍庙两处则相去远了。

冲 喜

　　冲喜的顽意儿，凡江、浙两省崇拜迷信者都喜欢顽它一顽。譬如有一家男主人或女主人生了病，日见沉重，请医服药毫无一些效力，最后就联想到冲喜上去。冲喜怎样冲法呢？就是将儿子没有结婚过的媳妇迎她上门，见一见病人，开一开金口，略加接待后，仍送回娘家去。

　　这么一冲，病人会慢慢地好起来，也许是有的，不过冲喜以后，依然病入膏肓、两腿伸直的也很多。如果冲喜一定冲得好，那么只要有了未过门的媳妇，生了重病只消请她来冲一冲，就可以不死，恐怕世界上也没有这样的便宜事罢！

大照会

人力车上的执照，俗呼照会。车上有钉三张的（即华界、英租界、法租界三张），有钉二张的，有钉一张的，都各各不同。人们倘在华界地方，要到租界上去，叫起人力车来，总说："有没有大（读若度）照会？"称租界执照曰"大照会"，那么自己华界的执照当然是"小照会"了，此也是中国人尊重外人和自己卑谦的一种表示吧！

拉洋人

譬如有一个中国人和一个外国人同时叫唤一辆黄包车，车夫往往愿意拉外国人，对于中国人理也不来理你，这是什么缘故？

车夫的心理，以谓外国人个个是大富翁、大财神，付起车钿来洋钿当铜元用，金四开当银毫用，而且叫车子时候不讲车价，又省却一番麻烦。不像中国人，一只铜元也要斤斤较量，刺刺不休，故情愿舍此就彼。

逢到喝醉的外国丘八叫车子，他们更拚命上前去承接，闻说这班丘八先生给付车资常常会掏出金磅来当车费，因此要想发财，不得不拚了命去招呼。但是有时候，不但得不着什么金磅银磅，结果反而尝到一只来路货的火腿和五枝舶来的雪茄烟，也是常有的事呀！

不讲价钿坐车子

有一种漂亮人物乘坐车子，并不预先讲定价钿，只消一屁股坐上去，嘴儿歪一歪，手儿动一动。拉车子的车夫也知道你是漂亮人物，就举起一双飞毛腿，拚命的向前一阵狂奔，希望多得些代价。如一段路程车钿只要铜元二十枚，如果不先讲好的坐上去，至少要给车夫三十枚，他们才欢喜接受。

间有一班面子上要做漂亮人物，付给车费却并不漂亮，车子拉到目的地，照理要给铜圆三十枚的，他止付给二十枚或二十五枚，害得车夫怪声怪气的乱嚷："这种鸭尿臭的漂亮，还是不漂亮来得好。"还是先讲好车钿坐上去，免得江北仁兄背后骂你几声"猪猡"。

小　车

沪上行驶的各式车子，当推小车创始为最早。清季同治初年，首先发现小车（俗呼狗头车），系独轮的，车夫在后推动。起初只揽载货物，并可坐人，嗣后才有脚踏车、东洋车和马车等等，到了清季光末宣初，更有汽车、电车相继出现。到了近年，而最早出现的独轮小车早已落伍了，现在这种车子的数量越趋越少，所有的只装载货物、运送东西，坐人简直是很少。不过在闸北各工厂一带上工、放工时候，还有几部小车子，两面坐满着女工在路上驶行，除此以外已难得看见了。

大出丧

社会上赫赫有名的大人物，一朝伸腿断气、撒手西归以后，必有大出丧的举行（大出丧者，就是举殡之意），排场越阔越能哄动一时，竟会传播到几百里以外的外埠民众不远而来，大家异口同声地说道："看大出丧，看大出丧！"等到举殡那天，民众们如疯狂般的丢了正事不干，专诚来看大出丧。几条经过的马路上人山人海，前推后拥，挤得水泄不通，沿马路的几爿旅馆、菜馆、茶馆的阳台上都设好了优等座位，做一回临时的好生意。

从前的盛杏荪和朱葆三都举行过大出丧，民众们现在想起来还啧啧称羡。前年黄楚九故世后，一般瞧热闹的民众又欣欣地说道："我们又有大出丧看了。"后来因为债务关系，黄楚九的大出丧就此无形取消，民众方面也大大地失望。

大户人家有了钱，有了名，一朝死了人，场面有关，非举行大出丧不足以显其阔绰、示其威风，糜费虽巨，满不在乎。他们有的是钱，挥霍挥霍无损毫末，更可得到庸夫俗子们的激赏，亦落得大出而特出了。

本来一窝蜂瞧热闹是中国人天赋的劣根性，往往瞧热闹瞧出祸水来（如看赛会而坍桥毙命等惨事），他们也不会醒悟吧！

送丧马车

在三四十年以前汽车还未盛行时候，马车曾出过很大的风头。马车行也鳞次栉比，名声最大的要算跑马厅一家龙飞马车行，马车有一百多辆。当时各处的大人物到沪，都乘着双马并行的簇新马车，吆喝而过。其次如海上寓公和窑子红姑娘，也都乘着马车代步。盖彼时间最漂亮的代步东西，除却马车以外，没有第二种车辆。

自从汽车盛行以来，马车就慢慢落伍，鳞次栉比的马车行都逐渐地关闭了，最大的龙飞马车行早已改组为云飞汽车公司了。现在所剩余的一二百辆蹩脚马车，平常时候绝少有人顾问，只有人家死脱了人，出殡起来，载着亲友去送丧，故叫它一声"送丧马车"，再切合也没有。其次，轮船码头、火车站边，还有几辆停在那边招徕外埠客人，装装行李而已。

场面不可不绷

中国人是著名爱好场面的，尤其是住在上海的人们更酷爱场面，不论家里穷得吃尽当光，妻哭子号，一无所有，跑出门去仍旧衣履翩翩，大摇大摆地走着。沪谚说"身上绸披披，家里没有夜饭米"，确为此辈写照。其他逢到喜事丧事，尤不可不踵事增华，大加铺排，以示阔绰。他们说："场面攸关，不得不如此来一下。"倘使富有的人摆摆场面，挥霍几个钱，原没有什么要紧；如果力量不够，是穷小子一流，场面则不可不摆，因此做了一回喜事或丧事，害得负债累累，终其身也不能偿还的，倒不在少数呢！吾替他们想想，真是作孽，然而在酷爱虚荣的人，因为要绷场面起见，高筑债台也是情愿而毫无怨言。

还有许多爱好场面的人，到点心店去吃食，末了会钞时候，一共只有一元几角，他身边藏着不少的一元钞票，然而结果往往要掏出一张拾元或五元钞票去找，这倒使人有些费解了。有一回作者询问这班朋友："用掉一元几角钱，为什么将一元钞票藏着不用，要掏出拾元和五元的钞票呢？"他们说："因为一元钞票显不出阔绰，并且要被堂倌瞧不起的，如果用大数目的钞票，他们才不敢看轻你。"这也是绷场面的一种表示吧！

假人参

人参的东西，是国药材中最名贵之品，一支小小的人参要值到几百块钱，是毫无希罕的事。它的效用最能滋补精神，有挽回造化力量。譬如有个人将要病死，而事实上却有未了之事，不容他断气，在这个当口吃了人参汤，可以延长若干时的生命。至于滋补方面须因人而施，倘使不宜吃参而吃了，或只宜吃五钱忽贪多而吃一两，那就不但无益，反而有大害。

　　人参的出产地在吉林省内，其次是高丽，要自己生在群山广野间的地下层，过了若干时间经采参人挖掘出来，方是无上真品。故参店里有"野山人参"的招牌，倘非野参，即失却参的价值和效力了。有一种赝品是种出来的，不是它自己生长成功的，名叫"种参"。在吉林和营口地方，每逢参货上市，土人挑担负筐蜂拥而来，以求脱货，价值很为便宜，只要二三块钱即可购买一担（即一百斤），其情形活像上海地货行里的萝卜差不多。他们购了下来，再批售参客人，复经过一回的烘焙技能和装潢手续，就可充作野参卖，到了上海，一转移间其获利要百倍千倍了。因此这班参客人白手成家，面团团变为富家翁的很多很多。还有一种做过参业的职员，开了一爿滑头参号，间接向参客人处批发若干斤，另加牌号和装潢，再陆续地卖出去，其获利也不小。至于买户买去吃，有没有效力，他们则概不负责了。

　　总之，有吃人参资格的大亨们要滋补身体，充足元气，还是到老牌子的参号或著名的国药店里去买，才可不上大当，免受人欺。

虚　头

什么叫"虚头"？"虚头"两字怎样解释？就是有一种东西，譬如价值只一块钱，问起卖东西的人来，他们却信口开河的说二块三块，这就叫虚头。市上商店除掉少数划一不二、说一是一外，其他都有虚头在内，老实人偶不经心，便要大上其当。虚头顶大的为一种滑头商店和小菜场上的鱼虾菜蔬摊，他们是向天讨价，我们只有着地还钿，才不至于吃亏（"向天讨价""着地还钿"两句话就是说他们讨得高，吾们还得小的意思）。

野　鸡

这只"野鸡"，并非是沿路拉客的下等娼妓，是一种带着冒牌性质和不入同行的称呼。譬如有一种包车，不是坐车人所有，乃是车夫自己租赁或购买来的，即叫"野鸡包车"。还有一种捐客（即卖买介绍人），并不加入该业同行公会，单独出来兜揽生意的，人们都叫他"野鸡捐客"。举此两例，其余可推想而知了。

还有一种戏馆里的案目，定期包了一天戏，印好了赏光券，向老主顾处挖销，人们也叫"打野鸡"（又名打抽风）。顾名思义，是与站在马路上乱拉行人的娼妓有些相同，故有此名称。

请医生、打保单

自从绑票之风盛行以后，一般拥有财产吃过苦头的医生，对于不相识人上门来请求出诊，一律须打保单，加盖商店图章，才肯出诊。不过这么一来，而病家要想请他出诊，打不到保单，只有死路一条。还有少数明哲保身的医生，因为世途崎岖，对于不相识人来请出诊，索性拒绝不应，叫病家自己上门来医。如果病势轻微，自属不成问题；倘使病势剧重，躺在床上不能行动，要想请他来医，他又拒绝不应，也只有死路一条了。

粥店、豆腐店

市上通宵达旦、夜不关门的店铺，除掉少数酒食店外，只有粥店和豆腐店两项，年初到年底未见他们关过店门。豆腐店的工作完全在夜间干做，到了天明发卖，故全夜不关门。粥店因为要救济车夫饥饿起见，故也全夜营业，不关店门。夜班车夫统夜奔跑，到了饥火中烧时候，都到粥店里去果腹，倘使粥店不全夜开着，试问那班车夫到哪里去吃东西呢？

不过粥店全夜是营业，豆腐店全夜是工作，两项商店虽同是全夜，而其性质却不相同。还有一种尴尬人，到了深夜，没有力量去借栈房住宿，往往到粥店里去，或吃两碗粥，或食几只野鸡团子，吃完了故意迟迟不去，打了一个盹，挨到天明才走，这一夜的栈房开销又可以免除了。

馄饨担

挑担卖馄饨共有两种，一种是高脚式的担子，边敲边击，其声卜卜；一种是低矮式的担子，不敲击竹筒而敲竹片，一面敲，一面喊"虾肉馄饨面"。因为这种馄饨担子都兼卖面条，馄饨的馅子是用虾肉、猪肉拌和，其式甚大，故有大馄饨之称，每碗起码小洋一毛，面价也相同。高脚担子历史最久，它的表示只敲竹筒而不叫喊，馄饨都是小的，每碗起码一百钿（即铜圆十枚），现在有几副担子也兼卖面条了。挑卖矮式馄饨担子为粤人所发明，他们的口号是"卖虾肉馄饨"，近来除粤人外，镇江帮、扬州帮也不少。

客　饭

现在除贵族式的大馆子外，其他大小菜馆都售卖一种客饭，每客价目各家不同，从两毛到五六毛为止，菜肴有二菜一汤，饭则没有限止，任客吃饱为度。自客饭制度盛行后，一般买饭吃的朋友都趋之若鹜，如天津馆、川馆、徽馆、本地馆等都已售卖客饭。倘使胃口狭窄的人，还不能吃得精光，如有三个朋友合吃两客，菜肴更叫他合并起来，末了只添加白饭一客，这种最经济的吃法再便宜也没有了。

客饭的制度，据说为老北门外大街几家教门馆所创设（为回教徒所开设），早已售卖多年，他们定价每客三毛，以小洋计算。现在各帮馆子售卖客饭，想系采用教门馆的办法。

苏广成衣铺

住在上海的人们，不论做一件布衣或一件绸衣、皮衣，都要请教缝衣匠去做，因此成衣铺的开设竟至触目皆是。他们除少数租屋开设外，其余都在弄堂口和门楼底下租借一席地，辟作工场。他们的招牌大都标着"某某苏广成衣铺"，"苏"者指苏州，"广"者指广东。其实苏州人讲究衣着，确为实在情形；广东人却注重食、住两项，衣着上并不考究，他们招牌上标有"广"字不知道是何取义。

缝衣匠的籍贯，以苏帮、锡帮、镇江帮、江北帮、本地帮、宁波帮为最多数，别帮则很少。他们的进项除得到主顾工资外，还有揩油的收入。因为主顾交来的衣料，不论布的、绸的、皮的，他们定要揩它几揩才觉称心满意，所以沪上有句"裁缝不落布，就要当脱家主婆"的俗谚（"落"即揩油之意）。做缝衣匠的分东家和伙计两种，做伙计的帮东家工作，每月赚几块钿工资；做东家的除掉剥削伙计油水外，还有揩油的收入。不过做东家的须预备若干资本，才可以开设一爿成衣铺。

他们的资本不但是租房子、买家伙，有时还要替主客代料。什么叫代料呢？因为有一班写意朋友，做件衣服，不需自己去买布买绸，只须开明尺寸，交到成衣铺去，他们代你买料，衣服做好后连同工钿一并算还，这就叫作代料。

冷　摊

城隍庙里有几处出卖旧书的书摊，名叫"冷摊"。摊上的书都摆得杂乱无章，乱七八糟，书的种类有旧书，有新书，有杂志，有小说，有碑帖，有残缺不完的，也有整部不缺的，它们的来源大都是收买而来。书的价值从几只铜板起，到几角几块止，都是讨价还价。有时碰得巧，稀有的孤本、珍本和家藏木刻也放在书堆里，等待识者来购买，书价也并不十分昂贵。其他如整部的新书，他们反要斤斤较量，善价而沽，因为这班书贩子知识有限的缘故。

玻璃包厢

戏园中的三层楼包厢，定价很便宜，向为一般下层民众观看之地，至于大人、先生、要人、闻人，大都不屑到这种包厢里去听戏。从前许少卿在福州路经营丹桂第一台时，在某一时期内特将三层楼外面镶嵌玻璃，名为玻璃包厢。许老板的意思，这么一来，也可以招致高一级的主顾了。但是平津人叫"听戏"，上海人叫"看戏"，既然着重于看，故座位距离戏台越近越好。玻璃包厢名目果然好听，惟在三层，于视线上很不方便，装好以后仍旧吸不动高一级的主顾，过了不久就此拆除，这玻璃包厢的名称也取消了（现在丹桂第一台旧址早于前年拆除，改建市房，现在开设致美楼菜馆即是）。

熏鱼、酥糖

市上糖食店的店招，从前都题"稻香村"和"野荸荠"，现在则题"老大房"和"天禄"，不过上面加一记号，以资识别而已。糖食店内出卖的东西，少说些总有好几百种，惟对于熏鱼、酥糖两项他们更特别注意，挂招上写上"透味熏鱼"不算外，还要在柜台横边竖立一块金字朱漆的木牌，上写"熏鱼"两大字（也有写"酥糖"两字者），于此可见他们对于这两项东西的注重了。

不过为什么不注意别项东西，专注意这两项东西呢？也有缘故。因为上海人专在吃字上面用功夫，熏鱼美味，不论啜粥、饮酒、吃饭都很相宜，买它两毛、四毛，可以快吾朵颐，因此糖食店为迎合顾客的心理起见，不得不在熏鱼上特别注意了。酥糖是甜的，不能充下酒物，也不能当佐粥菜，但是上海的瘾君子很多，瘾君子都欢喜吃糖，躺在榻上吸足了鸦片烟，吃它几块酥糖，苦甜相济，自是其味无穷，糖食店里的酥糖生意因此也大好特好。他们竖起了金字朱漆的大木牌，其意思要促起瘾君子们快去多多交易。

日需房饭钱二百八十文

五十年以前，沪上最大的旅馆（当时都呼客栈）每客房饭钱每天只收制钱二百八十文；其次自备饭食的，每天房钱只收百文或八十文；最下的小旅馆每天只需四十文，或二十八文。如此代价，可见当时生活程度的低小了。

现在住大旅馆一天的房钱，大者要十几块到几十块，小者也要几块，即最下的小旅馆每天每客也需二三毛钱。虽说现在的旅馆建筑宏伟、设备完全，然而房价已超过几十倍或几百倍以上。制钱二百八十文，折合现在洋价还不到一毛钱，莫说付房钱不够，即付茶房的小账还相差很远。倘使今昔一比较，真是天差地远哩！

小便三角、大便一元

　　按照租界章程（即洋泾浜北首租界章程）第十七款载：
"马路上不能大小便。弄里之无大小便处者，亦不得大小便。
否则拘送捕房，大便罚一元，小便罚三角。"因此人们偶然
便急，一时得不到便处，在马路上或弄堂里便一便，倘被探
捕瞧见，是要拘到行里去（即巡捕房）照章处罚的，如果你
没有钱的话，那就要禁锢你四小时了。

　　本来不到厕所里去大小便，不但太不雅观，而且有碍卫
生，稍知自重者，必不愿故违禁令，不过有时便急起来，得
不到厕所地方，也只好拆一回洋滥污了（这种拆洋滥污的办
法只有小便而已，大便是很少见的）。作者有一办法，倘使
人们在马路上走路，一时便急起来，得不到厕所地方，可找
寻一家茶馆或菜馆，跑进去便一便就得了。因为茶馆、菜馆
里边不但有尿池，且有便桶，不论你要小便、大便，只要口
头上客气一点，他们总可以允许你便一便哩。

柜台上的铁栅

　　自从抢劫之风蜂起以后，一般银钱进出较多的商店，为

防患未然计、免除惊恐计，都在柜台上面周围装置铁栅，以免强盗仁兄的光顾。像那典当、小押店、烟兑店，十家倒有五双装起铁栅来。因为这种商店银钱的进出比较多一点，倘不未雨绸缪，用铁栅来防御，那么就要受强盗、匪徒的光顾，遭受意外的损失。有人说道："一爿店铺装了铁栅，好似一只大鸟笼，各位伙计先生赛过一群飞鸟，关在笼子里。"这个比喻倒有几分相像呢。

各银行和各钱庄也都装上栅子，不过它们的装栅有两层意思：其一，也是防御抢劫之意；其二，为便于分类营业起见，不得不装。且银行、钱庄所装之栅，或用灿烂发光的黄铜，或用黝亮雅致的古铜，和烟兑店等黑越越的铁栅则又截然不相同了。

靠灾民发财的善棍

在理，办慈善事业的人都应该洁身自好，一清如水，才称得起一声善人，而问心也可以无愧，俯仰也可以无怍。不过一谈起上海慈善界的内幕情形，就要使人痛哭流涕，忿恨不置了。

本来办慈善事业是一种蚀本生意，哪能可以发财呢？不过在上海慈善团体中，很有不少善人依靠着慈善两个字来发一注大财、挣一份家产的，若要一一的指出来，实在记不胜记。这般人物真是杀人不怕血腥气的，专门在灾民和贫民身上狼吞虎咽，只管自己麦克麦克，其他社会上的笑骂和指斥他们都不屑顾及。这种人名虽善人，其实是善棍罢了。

慈善界中的人物，依作者所知的，约分三种：第一种人，确是抱着胞与为怀、视民如子主义，挺身出来办事，真是一介不取、一丝不苟，有时牺牲着精神不算，还要自己掏腰包，这样才称得起善人两字，不过数量是很少的。第二种人，捐着某堂某会的一块金字招牌，到处宣传或登报征求，或派员劝募。等到捐款到手，先将大部分款项留着自用，只将小部分拨给慈善上需用。第三种人，完全是骗局。他们逢着什么水灾、旱灾、蝗灾等一切灾患发生，临时租赁了一二间房子，挂起什么协会、什么善堂的大招牌来，一面请人做好了悲天悯人、声泪俱下的募捐缘起，印刷了数十万份，一面敦请几位名人和闻人做董事。手续完竣，然后派人四出劝捐，广为征募，一班劝募员又要遴选擅长词令、面厚如铁的交际大家，这么一来，募捐的成绩哪有不超出新纪录呢？他们劝募的手续，不但在本埠进行，还要分派干员到各地各埠去努力的劝、努力的募，有时还要花了广告费登报征募。总之，对于劝募两字上，却可称一声无孔不钻、无洞不入了。

他们发出去的捐簿和收据上面，都印着鲜红的"经手自肥，雷殛火焚"八个大字，但是天老爷大度包容，谁肯来管你们这笔闲账？故罚誓尽管罚誓，自肥仍旧自肥。等到灾祸过去了，他们也个个捞饱了，一生一世享福不尽了。起初租借的房子也退租了，金字招牌也撤除了，经理、协理、司理和大小职员都一溜烟的逃跑了，就此暂告闭幕。以后逢到什么灾变发生，或再照老法子来干一回，也是常有的事。

在前面说过的第一种人，真正当得起善人或善士两个字，第二种人只可说它是伪君子，末一种人确是慈善界之善棍、社会上之蟊贼。去年发生的东北义勇军捐款撤查风潮，曾经闹得满城风雨、一天星斗，究竟有无舞弊，吾们局外人不得而知。如果不幸也蹈着善棍的覆辙，再发现一班"义棍"，岂不要被外国人笑脱牙齿吗？

广告医生

有一种医生，他的学术很平庸，信誉又很浅薄，因此顾客寥寥，门可罗雀。于是想出一条妙计来，专在广告上面用功夫。他们登起广告来，常常要登载全版或半版，广告上面的措词更说得天花乱坠，自吹自唱，那么一来，生意自会兴隆，门庭定卜如市了。

广告措词不但说来活龙活现，好看煞人，而且同时更罗致几十位社会闻人，替他列名介绍。这种广告一登出，哪怕病人不源源而来么？因为上海地方大、人数多，生了病请不到好医生，确是不少，今看见这种措词生动的大广告，哪得不怦怦心动，快来就教呢！时人目这般医生名曰"广告医生"，可谓再切当也没有了，因为他们不在医学上面研究，专门在广告上用劲儿。

高等华人

在外国人眼光中分晰出来，有所谓高等华人和起码华人等分别，但不知哪一种是高等华人，哪一种是起码华人，倒值得研究一下。

据说是买办阶级和一部份有势力的寓公，能说几句洋泾浜话，能穿西装革履，能狐假虎威，能借外力欺压同胞，能吮痈舐痔，如果具着这几种资格的，才配称一声"高等华人"。其他劳心劳力，安分守己，不善媚外，以度其苦生活的善良民众，想必是"起码华人"了。

荣幸哉，"高等华人"！漂亮哉，"高等华人"！但将来不幸而亡国以后，这许多目高于顶、神气活现的高等华人，不知道可以不作亡国奴么？

看鬼脸

现在商店的店员，除掉极少数受过训练而和颜悦色的招待主顾外，大多数都扮着鬼脸（作者前著《店员之三副面孔》一文，载入本书下集，读者可参观）对待主顾。到他们店里去交易，总是抱着似理非理、似睬非睬的态度，故我们去买东西，简直去看他们的鬼脸了。

警告一店的主人翁和经理先生，以后对于店员们先须切实加以训练和指导，然后界以店员重任，要晓得一店的兴旺衰败全在店员的身上，哪可不注意吗？哪可马马虎虎，放任他们扮鬼脸吗？其实现处冷酷势利的社会里，如果有事求人，或衣衫太朴实些，包管你处处看到鬼脸的不堪入目呢。

十三点

前年冬天，作者家里搬来一份房客，是一夫一妻和一个养女（即螟蛉女），年可十五六岁，他们夫妻俩叫唤养女总是"十三点"长"十三点"短。作者听了委实有些不懂，后来询问一位明瞭上海社会的朋友，才知道有一种人，说他呆戆并不呆戆，说他伶俐也不伶俐，好像时钟时表之超出准绳了，因此人们对于这种人就起了一个含着轻薄而尖刻的称呼，叫作"十三点"。不过这种称呼对于别人总是背后叫着，倘使当面叫唤起来，那就要酿成口舌争闹的事情呢！

寻　人

上海地面辽阔，又为五方杂处，拐子歹人混迹其间，因此失孩失婢亦层见叠出。不幸而遇到此事，或登报招寻，或在电杆木及墙脚边上贴着几张寻人通告。它的措词，不外某日某时走失一孩子，着什么衣服，脸上五官怎样，身材怎样，鞋帽怎样，一一写明，如有仁人君子知其下落，送到××路××里××号××宅，酬洋××元等语。不过"寻人"的"人"字都颠倒写着，一说这样写法，走失的人不能远走，容易寻到。这个迷信不知是哪一位发明的，却是无从查考了。至走失原因，除掉一大半被拐子拐去藏匿意图贩卖外，一小半或因迷途而不能归家，也是常有的事。

俞调、马调

在书坛上说书，如系弹唱小书，起首必先唱一段开篇，开篇唱完才唱正书。开篇的格调向有俞调和马调的分别。俞调是清代嘉道年间俞秀山所发明，音调很幽雅，如同小儿女绿窗私语，娓娓动听。马调系咸、同年间马如飞所创始，音调率直，没有余韵。然而当年的马调曾风行一时，学者很众，俞调从前虽也风行过，究不如马调的得势。现在的弹词家早已各有师承，自成一家，而老前辈所遗传下来的俞调、马调久已不复挂齿了。

医生的三吓头

吃公事饭的人，对付窃盗莠民惯用三吓头手段，据说不用三吓头，他们要狡赖的，所犯的罪不肯承认。不料现在有一种医生，对付病人也抱着三吓头主义。什么叫三吓头呢？譬如人们生了病，请教他们去诊治，其实这个病是很轻微的，一剂药吃下去，就可霍然而愈。他们则故甚其辞，说病势如何的凶险、如何的厉害，脉案末句必写"候政"或"候高明裁酌"等字样。如果病势确实沉重，已到了膏肓时期，用这种手段对付，情还可原；倘使病势并不沉重，也说如何凶险、如何厉害，实在是不应当的，而且使病人多生一层恐惧之心，轻病变成重症，也常有的事。

推测这班医生的心理，无非抱着不负责任的态度。况且轻病说得凶险，一剂药吃下去吃好了，病人方面，要念念不忘的歌功颂德，感谢不尽；倘使不幸而发生变化，也不能和这位医生稍稍理论，因为他们早已说过很厉害呢！而且脉案末句早写明"候政"，你们自己不小心、不斟酌，流年不利，活该倒霉，与这位高明医生丝毫无涉。其实医生虽也是职业之一，究竟多少要有点慈善性质，遇到不可救药的重病，也应该善为说辞，不可一味恐吓，使病人多添加一层恐惧心理。假使是轻病，更应该切实安慰，才是做医生的天职啊！

开大炮

在那晋（山西）、绥（绥远）各省地方，吗啡（别称白面）毒物的消路很大。那边的人民，不但瘾君子需要它，即向无烟瘾的，大家见了面也多以吗啡饷客。他们吸食吗啡又很简便，只用纸烟一支，捣之结实，烟头空了，将吗啡少许放入空头，即可燃火吸食。不过那么一来，向无烟瘾的常吸不断，也会成瘾。这种吃法，他们叫"开大炮"。近来这开大炮的顽意儿，最近也发现到上海来了，而且有人专将吗啡和入香烟之中，秘密售给吸食红白丸的瘾君子过瘾，借以牟利。从前只有打弹子（即吸食红白丸）和戳药水针两项，现在又多一开大炮了。

大少爷谋害妓女

民十一（壬戌）夏季，阎瑞生谋毙福祥里妓女王莲英一案事发以后，曾轰动一时，人们都目为几十年来花界的一大惨案。后来阎瑞生逃往徐州，被该地军警拘获，解回上海。当时上海最高官厅是淞沪护军使，任护军使者是何丰林（茂如）氏，由军法处邓处长审讯确实，判决阎瑞生和吴春芳二人，按照惩治盗匪法第三条第二款之规定处以死刑，朱稚嘉（即朱老四，为已故甬绅朱葆三之子）宣告无罪。事后，九亩地新舞台即赶排一剧，名曰《阎瑞生》，由赵君玉饰王莲英，汪优游饰阎瑞生，开演四个月，夜夜满座，其盛况不亚于今春新光映演的《姊妹花》。后来又有××影片公司编成电影，亦映演很久。更有一般卖唱者编为小曲，如《莲英托梦》《莲英叹五更》等，最为妇女界所欢迎。

护军使署发表的判决主文和判决理由，文长八千多字，极洋洋乎大观。莲英是新世界于丁巳年举行第一次花国选举当选的花国总理，当选以后为出锋头计，对于衣服饰物惟奢是求，手指上常御大钻戒，光耀炫目，因此卒遭惨死。而阎瑞生本为震旦大学肄业生，因品行不良，误与匪徒为伍，沦入下流，其谋毙莲英，完全是拆白党劫财行为，结果亦难邀宽典，明正典刑了。

烫头发

自从妇女剪除发髻以后，过了两年，又盛行烫头发起来。现在的摩登女郎和时髦少妇，大都将头发烫成水波浪式和螺髻式，以为美观，此为最普通的烫发。更有一班舞女将头发左右分开，烫得笔挺，好像一只蝴蝶躲在项上，她们以为美观极了，且不这样烫法也不成其为漂亮的舞星。

烫头发有自己烫的，有请教理发师烫的，用一根铁制的扦子，先在火酒上面烧热后，继在头发上面横卷竖撩，手续很是麻烦。并且前年有一个电影从业员浦惊鸿女士，因为自己烫头发，拨翻火酒，火着衣服，毒焰攻心，就此丧却一条宝贵底生命。事出以后，《新闻报》记者严独鹤先生曾经做过一篇谈话，切劝一班摩登妇女不要再烫了，以免发生意外的危险。但是舆论的制裁，一些不生效力，大有死尽管死，烫仍旧烫，死脱一个有什么要紧，烫头发是摩登中万万不可缺少的要素。

到了现在，不但女性要烫头发，凡顾影翩翩、自命摩登男性的也都要烫得光亮卷曲，那么一来，理发店里主人翁又多做着几笔好生意。理发店的玻璃窗上现在都黏着"男女烫发"四个大字，作者瞧了，起初有些疑惑，意谓须眉男子烫什么发呢？后来一打听，才知道摩登青年也有烫头发的新花样。

自从"新生活"开始以后，最高当局曾通令禁止妇女烫发，现已严厉执行。此亦挽救浇风末俗的善政，希望青年男女不要再摩登了，快快觉悟吧！

年红灯

年红灯（一称霓红灯）的装置，现在已大盛而特盛了，一条南京路上的大商店，差不多已家家装置，其次是影戏院和大饭店，也都装置了。每天到了晚上，耀人眼帘之年红灯竟至触目皆是。这种灯的科学名词叫氖光，光度极强烈射眼，商店之装用此灯，取其使人容易注意到这爿商店。现在除掉红色以外，还有绿色和蓝色等分别，并有旋转流动的、开合的。装置年红灯的公司起初由西人创办，现在由华人经手装置的也有多家。人们做喜事或祝寿，厅堂中央也有临时装用年红灯的大"喜"字和大"寿"字，取其漂亮，故目下的年红灯可谓已盛极一时了。

桂　花

沪人口中，要说出一种蹩脚而起码的东西，都可用"桂花"两字代表。譬如说"桂花寡老"或"桂花律师"，即是表明蹩脚的女人和起码的律师。至人们为什么要用桂花来形容一种坏劣东西，实在难以索解。

桂花在花卉中，虽不能比牡丹的香艳和菊花的傲霜，也非平常贱花。按产桂最多地方在广西，故广西称桂省。桂有麝桂、金桂、银桂、丹桂、肉桂等分别，肉桂之皮名曰桂枝，可作药材。其他桂花可以连枝插入花瓶，供摆案头，能使馨香触鼻，沁入心脾；用糖腌之，又可充作香料。如此说来，桂花也是名贵而有用的东西，今比喻为起码的植物，岂不要使桂花叫屈吗?

跑狗瘾

有许多爱好玩耍的上海人,对于跑狗的兴趣真是非常地浓厚,到礼拜三、六的晚上,非去一趟不可,赛过抽鸦片烟一样,不去是不能过瘾的。于是上海人除掉大烟瘾、吗啡瘾、麻雀瘾、跳舞瘾、回力球瘾、花会瘾等等以外,又多了一种狗瘾了。

据说狗瘾的养成,也需要一种常人所不可及的忍耐性,又要研究一本很厚的赛狗专刊,此层和打花会人熟读《致富全书》一样;又要掏出雪白的大洋钱去掉换跑狗场里专用的钞票,又要鉴别出场的几只狗的行色,再要计算是买位置,还是买独赢或是双独赢,跑得第一。倘使侥幸得中,还要从人堆里挤进去领奖,手续是够麻烦了。然而去赌跑狗的人从来没有过半句怨言,唯一原因只是他们已经染上了狗瘾。

在开赛时候,先由一只电兔在最前面奔跑,许多狗儿在后面追逐,看看像追着的样子,但老是追不上,不过追虽追不上,希望终是有的。结果呢? 许多狗儿出了一身大汗,那只电兔写写意意地休息了,这就所谓赛狗。

跑狗场从前有三处之多，（一）华德路之明园，（二）延平路之申园，（三）亚尔倍路之逸园。后来公共租界纳税会西人提议禁止，工部局准如所请，谕令明园和申园停止营业。跑狗场老板表示不服，曾一度与工部局提起诉讼，结果仍旧维持前议，不许开张。现下跑狗场之硕果仅存的只有逸园一家，因该园地处法租界的亚尔倍路，法租界当局的态度和公共租界有些不同，因此逸园得以照常营业。直到如今，明园结束以后，曾一度改营游艺场，因生意清淡，不多时即关门大吉，申园则今已改组为足球场了。一般染有狗瘾的同志抚今追昔，当有无限地感叹。

幺二三式

　　妇女界穿的衣服，现在越窄小越摩登，穿在身上，不但奶部高耸，而且臀部突出，又着了高跟皮鞋，在路上行走，扭扭袅袅，非常的使人注目。这种形态，时人称谓"幺二三式"，象形取义，倒很确切呢！这种妖形异服，在内地各埠已有好几处严厉的禁止了，但是在上海租界上依旧是很多很多，可谓一叹。

捏　脚

　　吾们居在地气潮湿的上海地方，不论男女，多患着湿气。湿气之最普遍者，左右两脚的脚趾缝终年发痒，不过仅仅发痒，本无大碍，进一步的却要腐烂肿痛，那对不起就会举步维艰，不能行路了。因此患脚趾痒的人到了浴室里去洗澡，洗好以后，堂倌就要替你捏脚，真正湿气浓重的还要叫扦脚匠用小刀子来刮上一刮，才觉适意。

　　凡做堂倌的多会捏脚，究竟这捏脚怎样捏法呢？浴客躺在榻上，他坐在小凳下，用一条干毛巾替你抽丝剥茧般在那脚趾缝里横捏竖擦，这就是捏脚。湿气重的人，末了还要用滚开水里浸过的毛巾烫上一烫，才觉有趣。讲到这个玩意，虽属小道，其技艺却大有分别，因为工作时候轻重疾徐因人而施（分湿气轻重之别），能使你感到一种很有趣味的快感。如果技艺不精的堂倌不明轻重疾徐之法，一概乱捏乱擦就算毕事，那非但得不到一些快感，反而要感着不能止痒了。

　　住在北省高燥地方极少患湿气病的，但是到了上海连居几个月后，他一双尊脚自然而然会痒起来了，到了这个时候去洗澡，非叫堂倌替你捏一捏，就要感到一百个不适意。这是地气关系，要想免除也没法免除哩！市上的按摩院，他们本以按与摩为号召，现下因为捏脚的需要，大多数也加上捏脚一门了。

书　后

陈嗣龙

凡事之不见经传者，吾人恒求之于笔记之类。盖笔记所述，包含至广，无论名人轶事、地方异闻、奇花异葩、人物掌故，凡所见所闻足资助谈者，无不一一录入。故阅读笔记，最足益人智慧，增人见闻，较之读虚构事实、信笔描写之小说，其获益不啻有天渊之别也。

古时户口稀少，交通不便，所谓文人，恒终岁不出庭户，其所见所闻，盖亦陋矣。今则户口繁殖，交通利便，人事日繁，异闻迭出，今人之所见所闻，较之古人，何啻倍蓰。尤以上海一隅，华洋杂处，绾毂中外，人口达三百余万，为全国文化经济之总枢纽，亦为制造万恶之渊薮，奇闻异事，何可胜计！《申》《新》各报，每日刊本埠新闻一大张，本埠增刊二三张，尚书不胜书，记不胜记，足证上海一埠，有其他各处所不可比拟者也。

郁慕侠先生旅沪垂三十年，对于沪埠之认识，见闻之广博，自无待言。且其业为新闻记者，其见闻之精细周详，更为任何各界所不及。近以其三十年来之见闻所及，著为《上海鳞爪》。论其体裁，似与笔记相似，惟淹博则过之，文中所述，或竟有旅沪一二十年所未及见未及闻者。其文章之名贵，当可想见。郁君初稿，已在《沪报》上逐期刊载，颇为读者所欢迎。现特梓印单行本，以垂久远，并供同好。行见一纸风行，价重鸡林，盖虽积一鳞一爪，以成巨帙，而读者诸君，固当知来处之不易也。校印将竣，爰志数语，借附骥尾。

题郁慕侠先生之《上海鳞爪》

其一

叶仲均

少年萍迹寄申江，泪满青衫血满腔。卅载饱尝尘世味，笔如神杵把魔降。

世情怪诞寸心知，为救人群放厥词。仗得一枝扛鼎笔，五光十色显穷奇。

春江满地布阴霾，揽蛮澄清愿总乖。且把眼前秦镜照，一鳞一爪续齐谐。

莫道文人性太痴，简中消息少人知。兴酣叙到精微处，疑是生公说法时。

最是洋场十里中，五方杂处不同风。高抬慧眼从旁看，四十年来作寓公。

为民喉舌不辞劳，文字应推一代豪。引得金绳开觉路，此公风骨最骞高。

全凭正气主文坛，笔挟风霜兴不阑。五浊世中描现状，直教魑魅遁形难。

笔端愈老愈精神，莲出污泥不染尘。社会流传佳著作，读之庶不涉迷津。

其二

秦伯未

赢得生花笔一枝，江郎垂老尚雄奇。半鳞片爪弥堪惜，中有忧时血泪丝。

江湖落拓镇相怜，闲话沧桑五十年。不尽莺花开更落，有谁孽海渡无边。

众生色相不堪描，黑幕重重暮复朝。温峤燃犀幽怪照，更从何处着人妖。

阅尽兴亡两鬓苍，羡君义侠具心肠。一编问世流传速，声价居然贵洛阳。

其三

汪企张

避世编桴海上浮，年年尘梦屡成楼。而今不用燃犀烛，魑魅都教上镜头。

灿眼花丛照眼红，落茵堕溷委东风。春江一觉繁华梦，多少青年陷此中。

心仪禹孟哀衰世，名教从来我辈尊。酒热夜阑心绪乱，朦胧惟记浦潮痕。

四维旁落伦常绝，巨憝神奸气势张。黑幕重重都揭破，笔锋犀利放寒芒。

其四

顾伯超

不古人心大可怜，昭垂炯戒当谈天。齐东野语难搜遍，沪北浇风尽揭穿。百怪千奇掀黑幕，晨钟暮鼓惕青年。一鳞一爪皆珍秘，恍比遒人木铎宣。

其五

汪于冈

那堪常伍俗沉浮，豪气频销百尺楼。千古浊流奔歇浦，劳君一一记从头。

落英处处可怜红，十里银花舞晚风。真个销魂真个苦，一般都在劫灰中。

话尽沧桑白尽头，申江小史信风流。齐纨蜀锦知多少，快剪轻裁抵并州。

天爵早随人爵尽，四维从此为谁尊。和戎割让追南渡，涕泪新痕忆旧痕。

洋场百载伤心史，国难何曾歇管弦。白日群魔争瞰室，黯然展卷莫终篇。

为知为罪春秋笔，何去何从各主张。孽海一经犀烛照，彩毫万丈透光芒。

其六

范云六

海上离奇太不该，人妖白昼尽徘徊。一鳞半爪弥珍惜，万语千言妙剪裁。漫说形容难尽致，谁知秘密忽公开。头头是道无遗漏，都自生平阅历来。

其七

童爱楼

现身说法学生公，三峡辞源倒不穷。别得巍巍铜像铸，大功刚在立言中。

贾谊上书真痛哭，东坡说鬼妄言之。梦泡世事瞬千变，都付文通笔一枝。

文章笑骂骂文章，滋味酸咸试细尝。要把诙谐当药石，故翻格调学东方。

觉世大文杂滑稽，时新花样脱恒蹊。要凭价重鸡林笔，唤醒皇华百万迷。

知人知面复知心，世态人情个里寻。琐屑街谈巷议事，一经点铁便成金。

信手拈来笔不枯，妖魔鬼怪足胡卢。隐身无术遁无地，一幅温犀秦镜图。

拙著《上海鳞爪》，辱承诸友好纷赐题词，拜读之余，曷胜铭佩。今按收到前后为次序，一并刊入，以志荣宠。惟佳句中有奖借过当者，殊令人惭感无已也。谨附一言，一谢诸君。慕侠附启。